〔三國〕王肅 整理

孔子家語

廣陵書社
中國·揚州

圖書在版編目（CIP）數據

孔子家語 /（三國）王肅整理. -- 揚州 ：廣陵書社,
2023.3
（國學經典叢書）
ISBN 978-7-5554-2012-5

Ⅰ. ①孔… Ⅱ. ①王… Ⅲ. ①孔丘（前551-前479）
—生平事跡②《孔子家語》 Ⅳ. ①B222.2

中國國家版本館CIP數據核字(2023)第033057號

書　　名　孔子家語
整　　理　〔三國〕王　肅
責任編輯　李　佩
出 版 人　曾學文
裝幀設計　鴻儒文軒

出版發行　廣陵書社
揚州市四望亭路 2-4 號　郵編:225001
(0514) 85228081(總編辦)　85228088(發行部)
http://www.yzglpub.com　E-mail:yzglss@163.com
印　　刷　三河市華東印刷有限公司

開　　本　880 毫米×1230 毫米　1/32
印　　張　7.875
字　　數　90 千字
版　　次　2023 年 3 月第 1 版
印　　次　2023 年 3 月第 1 次印刷
書　　號　ISBN 978-7-5554-2012-5
定　　價　48.00 圓

編輯説明

自上世紀九十年代始，我社陸續編輯出版一套綫裝本中華傳統文化普及讀物，名爲《文華叢書》。編者孜孜矻矻，兀兀窮年，歷經二十載，聚爲上百種，集腋成裘，蔚爲可觀。叢書以内容經典、形式古雅、編校精審，深受讀者歡迎，不少品種已不斷重印，常銷常新。

國學經典，百讀不厭，其中藴含的生活情趣、生命哲理、人生智慧，以及家國情懷、歷史經驗、宇宙真諦，令人回味無窮，啓迪至深。爲了方便讀者閲讀國學原典，更廣泛地普及傳統文化，特于《文華叢書》基礎上，重加編輯，推出《國學經典叢書》。

本叢書甄選國學之基本典籍，萃精華于一編。以内容言，所選均爲家喻户曉的經典名著，涵蓋經史子集，包羅詩詞文賦、小品蒙書，琳琅滿目；以篇幅言，每種規模不大，或數種彙于一書，便于誦讀；以形式言，採用傳統版式，字大文簡，讀來令人賞心悦目；以編輯言，力求精擇良善版本，細加校勘，注重精讀原文，偶作簡明小注，或酌配古典版畫，體現編輯的匠心。

當下國學典籍的出版方興未艾，品質參差不齊。希望這套我社經年打造的品牌叢書，能爲讀者朋友閱讀經典提供真正的精善讀本。

廣陵書社編輯部

二〇二三年三月

出版説明

《孔子家語》，又名《孔氏家語》，是一部記録孔子及孔門弟子思想言行的著作，彙集了孔子的大量言論，再現了孔子與弟子、時人談論問題的種種場景。同時，還有經過整理的有關孔子的家世與生平事迹，以及孔子弟子的相關材料。今本《孔子家語》共十卷，四十四篇。

《孔子家語》古有傳本，取材於先秦時記述孔子及弟子言行的一批竹簡，與《論語》並時，與《論語》在材料上分而輯之，互不重合。西漢孔安國在《孔子家語序》中説：『《孔子家語》者，皆當時公卿大夫及七十二弟子之所咨訪交相對問言語也。既而諸弟子各自記其所問焉，與《論語》《孝經》並時。弟子取其正實而切事者，别出爲《論語》，其餘則都集録之，名之曰《孔子家語》。』《家語》的最初整理者是孔門弟子，最早的編輯者是孔安國。《漢志·藝文志》著録有二十七卷，是《家語》的初本。《家語》經歷了孔僖、孔季彦、孔猛等孔氏後人長時期的改動、增補、加工、潤色的過程。今本《家語》十卷，經王肅整理並作注，方流行開來，並流傳至今。

王肅，生於一九五年，卒於二五六年，字子雍，東海郡郯（今山東臨沂市郯城縣）人。魏晉時期的經學大師，善古文經學，爲多部典籍作注，如《論語》《尚書》《左傳》等，大多亡佚，唯存《孔子家語注》。

《孔子家語》的真僞問題是學術史上的一大公案。在很長一段時間裏，該書被認爲是由王肅僞造，宋代的王柏、明代的何孟春，清代的一大批學者，如朱彝尊、孫志祖、姚際恒、皮錫瑞等都持該論。另外歷代均有辨《家語》爲真者，如宋代的朱熹和葉適、清代的陳士珂等。近些年兩批西漢竹簡的發現，爲解開這個問題的謎底提供了契機。一是一九七三年發掘的河北定縣八角廊四十號墓（西漢晚期），内有後被定名爲《儒家者言》的竹簡；二是一九七七年發掘的安徽阜陽雙古堆一號墓（西漢早期），整理出另一份《儒家者言》。學界普遍認爲，這兩者的性質類似，内容均以孔子及弟子言行爲主，且多和《説苑》《新序》及傳世本《孔子家語》相關聯，應該都是《家語》的原型；同時亦認爲《家語》有較長的形成過程，原型並非全貌。

本次整理以商務印書館《四部叢刊》影印明黄魯曾覆宋本爲底本，只取正文，删去注文；參校上海古籍出版社影印文淵閣《四庫全書》本。《孔子家語》與其他文獻相同、相通處，整理時適當參酌；底本明顯之古體字、異體字徑改爲規範字；底本中確定的誤字、脱文、衍文、倒文，據參校本徑改，不出校勘記，旨在爲大衆讀者整理出一個較易閱讀的本子。若有不當之處，還請就正於方家。

廣陵書社編輯部

二〇二三年三月

目録

孔子家語序

王　肅

鄭氏學行五十載矣，自肅成童，始志於學，而學鄭氏學矣。然尋文責實，考其上下，義理不安，違錯者多，是以奪而易之。然世未明其款情，而謂其苟駁前師，以見異於前人。乃慨然而歎曰：予豈好難哉？予不得已也。聖人之門，方壅不通，孔氏之路，枳棘充焉，豈得不開而辟之哉？若無由之者，亦非予之罪也。是以撰經禮，申明其義，及朝論制度，皆據所見而言。孔子二十二世孫有孔猛者，家有其先人之書。昔相從學，頃還家，方取已來。與予所論，有若重規疊矩。昔仲尼曰：『文王既没，文不在兹乎？天之將喪斯文也，後死者不得與於斯文也。天之未喪斯文也，匡人其如予何！』言天喪斯文，故令己傳斯文於天下。今或者天未欲亂斯文，故令從予學，而予從猛得斯論，以明相與孔氏之無違也。斯皆聖人實事之論，而恐其將絶，故特爲解，以貽好事之君子。《語》云：『牢曰：子云，吾不試，故藝。』談者不知爲誰，多妄爲之説。《孔子家語》弟子有琴張，一名牢，字子開，亦字張，衛人也。宗魯死，將往弔，孔子止焉。《春秋外傳》曰：『昔堯臨民以五。』説者曰：『堯五載一巡狩。』五載一巡狩，不得稱臨民以五也。經曰『五載一巡狩』，此乃説舜之文，非説堯。孔子説論五帝，各道其異事。於舜云：『巡狩天下，五載一始。』則堯之巡狩，年數未明。周十二歲一巡，寧可言周臨民十二乎？孔子曰：『堯以火德王天下，而色尚黄。』黄，土德；五，土之數。故曰臨民以五，此其義也。

孔子家語卷第一

相魯第一

孔子初仕，爲中都宰，制爲養生送死之節：長幼異食，强弱異任，男女別塗，路無拾遺，器不雕僞。爲四寸之棺、五寸之椁，因丘陵爲墳，不封不樹。行之一年，而西方之諸侯則焉。定公謂孔子曰：『學子此法以治魯國，何如？』孔子對曰：『雖天下可乎，何但魯國而已哉！』於是二年，定公以爲司空。乃別五土之性，而物各得其所生之宜，咸得厥所。先時，季氏葬昭公於墓道之南。孔子溝而合諸墓焉。謂季桓子曰：『貶君以彰己罪，非禮也。今合之，所以掩夫子之不臣。』由司空爲魯大司寇，設法而不用，無奸民。

定公與齊侯會於夾谷，孔子攝相事，曰：『臣聞有文事者必有武備，有武事者必有文備。古者諸侯並出疆，必具官以從，請具左右司馬。』定公從之。至會所，爲壇位，土階三等，以遇禮相見，揖讓而登，獻酢既畢，齊使萊人以兵鼓噪，劫定公。孔子歷階而進，以公退，曰：『士以兵之！吾兩君爲好，裔夷之俘，敢以兵亂之，非齊君所以命諸侯也。裔不謀夏，夷不亂華，俘不干盟，兵不偪好，於神爲不祥，於德爲愆義，於人爲失禮，君必不然。』齊侯心怍，麾而避之。有頃，齊奏宮中之樂，俳優侏儒戲於前。孔子趨進，歷階而上，不盡一等，曰：『匹夫熒侮諸侯者，罪應誅，請右司馬速加刑焉。』於是斬侏儒，手足異處。齊侯懼，有慚色。將盟，齊人加載書曰：『齊師出境，而不以兵車三百乘從我者，有如此盟。』孔子使兹無還對曰：『而不返我汶陽之田，吾以供命者，亦如之。』齊侯將設享禮，孔子謂梁丘據曰：『齊魯之故，吾子何不聞焉？事既成矣，而又享之，是勤執事。且犧象不出門，嘉樂不野合。享而既具，是棄禮。若其不具，是用粃粺。用粃粺君辱，棄禮名惡，子盍圖之！夫享，所以昭德也。不昭，不如其已。』乃不果享。齊侯歸，責其群臣曰：『魯以君子道輔其君，而子獨以夷狄道教寡人，使得罪。』於是乃歸所侵魯之四邑及汶陽之田。

孔子言於定公曰：『家不藏甲，邑無百雉之城，古之制也。今三家過制，請皆損之。』乃使季氏宰仲由隳三都。叔孫不得意於季氏，因費宰公山弗擾率費人以襲魯。孔子以公與季孫、叔孫、孟孫入於季氏之宫，登武子之臺。費人攻之，及臺側，孔子命申句須、樂頎勒士衆下伐之，費人北，遂隳三都之城。强公室，弱私家，尊君卑臣，政化大行。

初，魯之販羊有沈猶氏者，常朝飲其羊以詐市人；有公慎氏者，妻淫不制；有慎潰氏，奢侈逾法；魯之鬻六畜者，飾之以儲價。及孔子之爲政也，則沈猶氏不敢朝飲其羊，公慎氏出其妻，慎潰氏越境而徙。三月，則鬻牛馬者不儲價，賣羔豚者不加飾。男女行者别其塗，道不拾遺，男尚忠信，女尚貞順。四方客至於邑，不求有司，皆如歸焉。

始誅第二

孔子爲魯司寇，攝行相事，有喜色。仲由問曰：『由聞君子禍至不懼，福至不喜。今夫子得位而喜，何也？』孔子曰：『然，有是言也。不曰「樂以貴下人」乎？』於是朝政七日而誅亂政大夫少正卯，戮之於兩觀之下，屍於朝三日。子貢進曰：『夫少正卯，魯之聞人也。今夫子爲政而始誅之，或者爲失乎。』孔子曰：『居，吾語汝以其故。天下有大惡者五，而竊盗不與焉。一曰心逆而險，二曰行僻而堅，三曰言僞而辯，四曰記醜而博，五曰順非而澤。此五者，有一於人，則不免君子之誅。而少正卯皆兼有之：其居處足以撮徒成黨，其談説足以飾衺榮衆，其强禦足以反是獨立。此乃人之奸雄者也，不可以不除。夫殷湯誅尹諧，文王誅潘正，周公誅管蔡，太公誅華士，管仲誅付乙，子産誅史何，是此七子皆異世而同誅者，以七子異世而同惡，故不可赦也。《詩》云：「憂心悄悄，愠於群小。」小人成群，斯足憂矣。』

孔子爲魯大司寇，有父子訟者。夫子同狴執之，三月不别。其父請止，夫子赦之焉。季孫聞之不悦，曰：『司寇欺余。曩告余曰：國家必先以孝。余今戮一不孝以教民孝，不亦可乎？而又赦，何哉？』冉有以告孔子。子喟然嘆曰：『嗚呼！上失其道而殺其下，非理也。不教以孝而聽其獄，是殺不辜。三軍大敗，不可斬也；獄犴不治，不可刑也。何者？上教之不行，罪不在民故也。夫慢令謹誅，賊也；徵斂無時，暴也；不試責成，虐也。政無此三者，然後刑可即也。《書》云：「義刑義殺，勿庸以即汝心，惟曰未有慎事。」言必教而後刑也。既陳道德以先服之，而猶不可，尚賢以勸之；又不可，即廢之；又不可，而後以威憚之。若是三年，而百姓正矣。其有邪民不從化者，然後待之以刑，則民咸知罪矣。《詩》云：「天子是毗，俾民不迷。」是以威厲而不試，刑錯而不用。今世則不然，亂其教，繁其刑，使民迷惑而陷焉，又從而制之，故刑彌繁而盜不勝也。夫三尺之限，空車不能登者，何哉？峻故也。百仞之山，重載陟焉，何哉？陵遲故也。今世俗之陵遲久矣，雖有刑法，民能勿逾乎？』

王言解第三

孔子閒居，曾參侍。孔子曰：『參乎，今之君子，唯士與大夫之言可聞也。至於君子之言者，希也。於乎，吾以王言之，其不出户牖而化天下。』曾子起，下席而對曰：『敢問何謂王之言？』孔子不應。曾子曰：『侍夫子之閒也，難對，是以敢問。』孔子又不應。曾子肅然而懼，摳衣而退，負席而立。有頃，孔子嘆息，顧謂曾子曰：『參，汝可語明王之道與？』曾子曰：『非敢以爲足也，請因所聞而學焉。』子曰：『居，吾語汝。夫道者所以明德也，德者所以尊道也。是以非德道不尊，非道德不明。雖有國之良馬，不以其道服乘之，不可以道里。雖有博地衆民，不以其道治之，不可以致霸王。是故昔者明王内修七教，外行三至。七教修然後可以守，三至行然後可以征。明王之道，其守也，則必折衝千里之外；其征也，則必還師袵席之上。故曰内修七教而上不勞，外行三至而財不費，此之謂明王之道也。』曾子曰：『不勞不費之謂明王，可得聞乎？』孔子曰：『昔者帝舜，左禹而右皋陶，不下席而天下治。夫如此，何上之勞乎？政之不平，君之患也；令之不行，臣之罪也。若乃十一而稅，用民之力，歲不過三日，入山澤以其時而無征，關譏市鄽皆不收賦。此則生財之路，而明王節之，何財之費乎？』曾子曰：『敢問何謂七教？』孔子曰：『上敬老則下益孝，上尊齒則下益悌，上樂施則下益寬，上親賢則下擇友，上好德則下不隱，上惡貪則下耻争，上廉讓則下耻節，此之謂七教。七教者，治民之本也。政教定，則本正矣。凡上者，民之表也，表正則何物不正？是故人君先立仁於己，然後大夫忠而士信，民敦俗璞，男慤而女貞。六者，教之致也，布諸天下四方而不窕，納諸尋常之室而不塞，等之以禮，立之以義，行之以順，則民之棄惡，如湯之灌雪焉。』曾子曰：『道則至矣，弟子不足以明之。』孔子曰：『參以爲姑止乎？又有焉。昔者明王之治民也，法必裂地以封之，分屬以理之，然後賢民無所隱，暴民無所伏。使有司日省而時考之，進用賢良，退貶不肖，然則賢者悅而不肖者懼。哀鰥寡，養孤獨，恤貧窮，誘孝悌，選才能。此七者修，則四海之内無刑民矣。上之親下也，如手足之於腹心；下之親上也，如幼子之於慈母矣。上下相親如此，故令則從，施則行，民懷其德，近者悅服，遠者來附，政之致也。夫布指知寸，布手知尺，舒肘知尋，斯不遠之則也。周制三百步爲里，千步而井，三井而埒，埒三而矩，五十里而都，封百里而有國，乃爲稸積資聚焉，恤行者有亡。是以蠻夷諸夏，雖衣冠不同，言語不合，莫不來賓。故曰無市而民不乏，無刑而民不亂。田獵罩弋，非以盈宫室也；徵斂百姓，非以盈府庫也。惨怛以補不足，禮節以損有餘，多信而寡貌，其禮可守，其言可覆，其迹可履。如飢而食，如渴而飲，民之信之，如寒暑之必驗。故視遠若邇，非道邇也，見明德也。是故兵革不動而威，用利不施而親，萬民懷其惠。此之謂明王之守，折衝千里之外者也。』曾子曰：『敢問何謂三至？』孔子曰：『至禮不讓而天下治，至賞不費而天下士悅，至樂無聲而天下民和。明王篤行三至，故天下之君可得而知，天下之士可得而臣，天下之民可得而用。』曾子曰：『敢問此義何謂？』孔子曰：『古者明王必盡知天下良士之名。既知其名，又知其實，又知其數，及其所在焉，然後因天下之爵以尊之，此之謂至禮不讓而天下治。因天下之禄，以富天下之士，此之謂至賞不費而天下之士悦。如此則天下之名譽興焉，此之謂至樂無聲而天下之民和。故曰「所謂天下之至仁者，能合天下之至親也；所謂天下之至明者，能舉天下之至賢者也」。此三者咸通，然後可以征。是故仁者莫大乎愛人，智者莫大乎知賢，賢政者莫大乎官能。有土之君修此三者，則四海之内供命而已矣。夫明王之所征，必道之所廢者也。是故誅其君而改其政，吊其民而不奪其財。故明王之政，猶時雨之降，降至則民悦矣。是故行施彌博，得親彌衆。此之謂還師衽席之上。』

大婚解第四

孔子侍坐於哀公。公問曰：『敢問人道孰爲大？』孔子愀然作色而對曰：『君及此言也，百姓之惠也，固臣敢無辭而對？人道政爲大。夫政者，正也。君爲正，則百姓從而正矣。君之所爲，百姓之所從。君不爲正，百姓何所從乎？』公曰：『敢問爲政如之何？』孔子對曰：『夫婦别，男女親，君臣信，三者正則庶物從之。』公曰：『寡人雖無能也，願知所以行三者之道。可得聞乎？』孔子對曰：『古之政，愛人爲大。所以治愛人，禮爲大。所以治禮，敬爲大。敬之至矣，大婚爲大。大婚至矣，冕而親迎。親迎者，敬之也。是故君子興敬爲親，捨敬則是遺親也。弗親弗敬，弗尊也。愛與敬，其政之本與！』公曰：『寡人願有言也，然冕而親迎，不已重乎？』孔子愀然作色而對曰：『合二姓之好，以繼先聖之後，以爲天下宗廟社稷之主。君何謂已重焉？』公曰：『寡人實固，不固，安得聞此言乎？寡人欲問，不能爲辭，請少進。』孔子曰：『天地不合，萬物不生。大婚，萬世之嗣也。君何謂已重焉？』孔子遂言曰：『內以治宗廟之禮，足以配天地之神；出以治直言之禮，以立上下之敬。物耻則足以振之，國耻足以興之。故爲政先乎禮，禮，其政之本與！』孔子遂言曰：『昔三代明王必敬妻子也，蓋有道焉。妻也者，親之主也；子也者，親之後也。敢不敬與？是故君子無不敬。敬也者，敬身爲大；身也者，親之支也。敢不敬與？不敬其身，是傷其親；傷其親，是傷本也；傷其本，則支從之而亡。三者，百姓之象也。身以及身，子以及子，妃以及妃。君以修此三者，則大化愾乎天下矣。昔太王之道也如此，國家順矣。』公曰：『敢問何謂敬身？』孔子對曰：『君子過言則民作辭，過行則作則。言不過辭，動不過則，百姓恭敬以從命。若是則可謂能敬其身，敬其身則能成其親矣。』公曰：『何謂成其親？』孔子對曰：『君子者也，人之成名也。百姓與名，謂之君子，則是成其親爲君而爲其子也。』孔子遂言曰：『愛政而不能愛人，則不能成其身；不能成其身，則不能安其土；不能安其土，則不能樂天。』公曰：『敢問何能成身？』孔子對曰：『夫其行己不過乎物，謂之成身。不過乎，合天道也。』公曰：『君子何貴乎天道也？』孔子曰：『貴其不已也，如日月東西相從而不已也，是天道也；不閉而能久，是天道也；無爲而物成，是天道也；已成而明之，是天道也。』公曰：『寡人且愚冥，幸煩子之於心。』孔子蹴然避席而對曰：『仁人不過乎物，孝子不過乎親。是故仁人之事親也如事天，事天如事親。此謂孝子成身。』公曰：『寡人既聞如此言，無如後罪何？』孔子對曰：『君之及此言，是臣之福也。』

儒行解第五

孔子在衛，冉求言於季孫曰：『國有聖人而不能用，欲以求治，是猶卻步而欲求及前人，不可得已。今孔子在衛，衛將用之。己有才而以資鄰國，難以言智也。請以重幣迎之。』季孫以告哀公，公從之。孔子既至舍，哀公館焉。公自阼階，孔子賓階，升堂立侍。公曰：『夫子之服，其儒服與？』孔子對曰：『丘少居魯，衣逢掖之衣。長居宋，冠章甫之冠。丘聞之，君子之學也博，其服以鄉，丘未知其爲儒服也。』公曰：『敢問儒行。』孔子曰：『略言之則不能終其物，悉數之則留僕未可以對。』哀公命席，孔子侍坐，曰：『儒有席上之珍以待聘，夙夜强學以待問，懷忠信以待舉，力行以待取。其自立有如此者。儒有衣冠中，動作順，其大讓如慢，小讓如僞。大則如威，小則如愧，難進而易退，粥粥若無能也。其容貌有如此者。儒有居處齊難，其起坐恭敬，言必誠信，行必忠正，道塗不争險易之利，冬夏不争陰陽之和，愛其死以有待也，養其身以有爲也。其備預有如此者。儒有不寶金玉，而忠信以爲寶；不祈土地，而仁義以爲土地；不求多積，多文以爲富。難得而易禄也，易禄而難畜也。非時不見，不亦難得乎？非義不合，不亦難畜乎？先勞而後禄，不亦易禄乎？其近人情有如此者。儒有委之以財貨而不貪，淹之以樂好而不淫，劫之以衆而不懼，阻之以兵而不慴。見利不虧其義，見死不更其守。往者不悔，來者不豫，過言不再，流言不極，不斷其威，不習其謀。其特立有如此者。儒有可親而不可劫，可近而不可迫，可殺而不可辱。其居處不過，其飲食不溽，其過失可微辯而不可面數也。其剛毅有如此者。儒有忠信以爲甲胄，禮義以爲干櫓，戴仁而行，抱德而處。雖有暴政，不更其所。其自立有如此者。儒有一畝之宫，環堵之室，篳門圭窬，蓬户甕牖，易衣而出，并日而食。上答之，不敢以疑；上不答之，不敢以諂。其爲士有如此者。儒有今人以居，古人以稽。今世行之，後世以爲楷。若不逢世，上所不受，下所不推，詭諂之民有比黨而危之，身可危也，其志不可奪也。雖危起居，猶竟信其志，乃不忘百姓之病也。其憂思有如此者。儒有博學而不窮，篤行而不倦，幽居而不淫，上通而不困。禮必以和，優游以法，慕賢而容衆，毁方而瓦合。其寬裕有如此者。儒有内稱不避親，外舉不避怨，程功積事不求厚禄，推賢達能不望其報，君得其志，民賴其德。苟利國家，不求富貴。其舉賢援能有如此者。儒有澡身浴德，陳言而伏，静言而正之，而上下不知也；默而翹之，又不急爲也。不臨深而爲高，不加少而爲多。世治不輕，世亂不沮。同己不與，異己不非。其特立獨行有如此者。儒有上不臣天子，下不事諸侯，慎静尚寬，底厲廉隅，强毅以與人，博學以知服。雖以分國，視之如錙銖，弗肯臣仕。其規爲有如此者。儒有合志同方，營道同術，並立則樂，相下不厭，久别則聞流言不信，義同而進，不同而退。其交有如此者。夫温良者，仁之本也；慎敬者，仁之地也；寬裕者，仁之作也；遜接者，仁之能也；禮節者，仁之貌也；言談者，仁之文也；歌樂者，仁之和也；分散者，仁之施也。儒皆兼此而有之，猶且不敢言仁也。其尊讓有如此者。儒有不隕獲於貧賤，不充詘於富貴，不溷君王，不累長上，不閔有司，故曰儒。今人之名儒也妄，常以儒相詬疾。』哀公既得聞此言也，言加信，行加敬，曰：『終殁吾世，弗敢復以儒爲戲矣。』

問禮第六

哀公問於孔子曰：『大禮何如？子之言禮，何其尊也。』孔子對曰：『丘也鄙人，不足以知大禮也。』公曰：『吾子言焉。』孔子曰：『丘聞之，民之所以生者，禮爲大。非禮則無以節事天地之神焉，非禮則無以辯君臣、上下、長幼之位焉，非禮則無以别男女、父子、兄弟、婚姻、親族、疏數之交焉。是故君子以此之爲尊敬，然後以其所能教順百姓，不廢其會節。既有成事，而後治其文章黼黻，以别尊卑、上下之等。其順之也，而後言其喪祭之紀、宗廟之序，品其犧牲，設其豕腊，修其歲時，以敬其祭祀，别其親疏，序其昭穆，而後宗族會宴。即安其居，以綴恩義。卑其宫室，節其服御，車不雕璣，器不彤鏤，食不二味，心不淫志，以與萬民同利。古之明王，行禮也如此。』公曰：『今之君子，胡莫之行也？』孔子對曰：『今之君子，好利無厭，淫行不倦，荒怠慢遊，固民是盡，以遂其心，以怨其政。忤其衆，以伐有道。求得當欲，不以其所；虐殺刑誅，不以其治。夫昔之用民者由前，今之用民者由後。是即今之君子莫能爲禮也。』言偃問曰：『夫子之極言禮也，可得而聞乎？』孔子言：『我欲觀夏道，是故之杞，而不足徵也，吾得《夏時》焉；我欲觀殷道，是故之宋，而不足徵也，吾得

《乾坤》焉。《乾坤》之義，《夏時》之等，吾以此觀之。夫禮初也，始於飲食。太古之時，燔黍擘豚，汙樽而抔飲，蕢桴土鼓，猶可以致敬鬼神。及其死也，升屋而號，告曰：「高，某復。」然後飲腥苴熟。形體則降，魂氣則上，是謂天望而地藏也。故生者南嚮，死者北首，皆從其初也。昔之王者，未有宫室，冬則居營窟，夏則居橧巢。未有火化，食草木之實、鳥獸之肉，飲其血，茹其毛。未有絲麻，衣其羽皮。後聖有作，然後修火之利，範金合土，以爲宫室、户牖。以炮以燔，以烹以炙，以爲醴酪。治其絲麻，以爲布帛，以養生送死，以事鬼神。故玄酒在室，醴醆在户，粢醍在堂，澄酒在下。陳其犧牲，備其鼎俎，列其琴、瑟、管、磬、鐘、鼓，以降其上神與其先祖，以正君臣，以篤父子，以睦兄弟，以齊上下，夫婦有所。是謂承天之祐。作其祝號，玄酒以祭，薦其血毛，腥其俎，熟其殽。越席以坐，疏布以冪。衣其浣帛，醴醆以獻，薦其燔炙。君與夫人交獻，以嘉魂魄。然後退而合亨，體其犬豕牛羊，實其簠簋，籩豆鉶羹。祝以孝告，嘏以慈告，是爲大祥。此禮之大成也。』

五儀解第七

哀公問於孔子曰：『寡人欲論魯國之士，與之爲治。敢問如何取之？』孔子對曰：『生今之世，志古之道；居今之俗，服古之服。捨此而爲非者，不亦鮮乎？』曰：『然則章甫絇履，紳帶縉笏者，皆賢人也。』孔子曰：『不必然也。丘之所言，非此之謂也。夫端衣玄裳，冕而乘軒者，則志不在於食葷；斬衰菅菲，杖而歠粥者，則志不在於酒肉。「生今之世，志古之道；居今之俗，服古之服」，謂此類也。』公曰：『善哉，盡此而已乎？』孔子曰：『人有五儀：有庸人，有士人，有君子，有賢人，有聖人。審此五者，則治道畢矣。』公曰：『敢問何如斯可謂之庸人？』孔子曰：『所謂庸人者，心不存慎終之規，口不吐訓格之言，不擇賢以託其身，不力行以自定。見小闇大，而不知所務；從物如流，不知其所執。此則庸人也。』公曰：『何謂士人？』孔子曰：『所謂士人者，心有所定，計有所守。雖不能盡道術之本，必有率也；雖不能備百善之美，必有處也。是故知不務多，必審其所知；言不務多，必審其所謂；行不務多，必審其所由。智既知之，言既道之，行既由之，則若性命之形骸之不可易也。富貴不足以益，貧賤不足以損。此則士人也。』公曰：『何謂君子？』孔子曰：『所謂君子者，言必忠信而心不怨，仁義在身而色不伐，思慮通明而辭不專。篤行信道，自强不息，油然若將可越而終不可及者，此則君子也。』公曰：

『何謂賢人？』孔子曰：『所謂賢人者，德不逾閑，行中規繩，言足以法於天下而不傷於身，道足以化於百姓而不傷於本。富則天下無宛財，施則天下不病貧。此則賢者也。』公曰：『何謂聖人？』孔子曰：『所謂聖者，德合於天地，變通無方，窮萬事之終始，協庶品之自然，敷其大道而遂成情性。明並日月，化行若神。下民不知其德，睹者不識其鄰。此謂聖人也。』

公曰：『善哉！非子之賢，則寡人不得聞此言也。雖然，寡人生於深宫之内，長於婦人之手，未嘗知哀，未嘗知憂，未嘗知勞，未嘗知懼，未嘗知危，恐不足以行五儀之教，若何？』孔子對曰：『如君之言，已知之矣，則丘亦無所聞焉。』公曰：『非吾子，寡人無以啓其心。吾子言也。』孔子曰：『君入廟，如右，登自阼階，仰視榱桷，俯察几筵，其器皆存，而不睹其人。君以此思哀，則哀可知矣。昧爽夙興，正其衣冠，平旦視朝，慮其危難，一物失理，亂亡之端。君以此思憂，則憂可知矣。日出聽政，至於中冥。諸侯子孫，往來爲賓，行禮揖讓，慎其威儀。君以此思勞，則勞亦可知矣。緬然長思，出於四門，周章遠望，睹亡國之墟，必將有數焉。君以此思懼，則懼可知矣。夫君者舟也，庶人者水也，水所以載舟，亦所以覆舟。君以此思危，則危可知矣。君能明此五者，又少留意於五儀之事，則於政治何有失矣。』

哀公問於孔子曰：『請問取人之法？』孔子對曰：『事任於官，無取捷捷，無取鉗鉗，無取啍啍。捷捷，貪也；鉗鉗，亂也；啍啍，誕也。故弓調而後求勁焉，馬服而後求良焉，士必慤而後求智能者焉。不慤而多能，譬之豺狼不可邇。』

哀公問於孔子曰：『寡人欲吾國，小而能守，大則攻，其道如何？』孔子對曰：『使君朝廷有禮，上下相親，天下百姓皆君之民，將誰攻之？苟違此道，民畔如歸，皆君之讎也，將與誰守？』公曰：『善哉！』於是廢山澤之禁，弛關市之稅，以惠百姓。

哀公問於孔子曰：『吾聞君子不博，有之乎？』孔子曰：『有之。』公曰：『何爲？』對曰：『爲其二乘。』公曰：『有二乘則何爲不博？』子曰：『爲其兼行惡道也。』哀公懼焉。有間，復問曰：『若是乎？君子之惡惡道至甚也。』孔子曰：『君子之惡惡道不甚，則好善道亦不甚，好善道不甚，則百姓之親上亦不甚。《詩》云：「未見君子，憂心惙惙。亦既見止，亦既覯止，我心則悦。」《詩》之好善道甚也如此。』公曰：『美哉！夫君子成人之善，不成人之惡。微吾子言焉，吾弗之聞也。』

哀公問於孔子曰：『夫國家之存亡禍福，信有天命，非唯人也？』孔子對曰：『存亡禍福皆己而已，天災地妖不能加也。』公曰：『善。吾子之言，豈有其事乎？』孔子曰：『昔者，殷王帝辛之世，有雀生大鳥於城隅焉。占之曰：「凡以小生大，則國家必王，而名必昌。」於是帝辛介雀之德，不修國政，亢暴無極，朝臣莫救，外寇乃至，殷國以亡。此即以己逆天時，詭福反爲禍者也。又其先世殷王太戊之時，道缺法圮，以致夭蘖。桑穀於朝，七日大拱，占之者曰：「桑穀野木而不合生朝，意者國亡乎？」太戊恐駭，側身修行，思先王之政，明養民之道。三年之後，遠方慕義，重譯至者，十有六國。此即以己逆天時，得禍爲福者也。故天災地妖，所以儆人主者也；寤夢徵怪，所以儆人臣者也。災妖不勝善政，寤夢不勝善行。能如此者，至治之極也。唯明王達此。』公曰：『寡人不鄙固此，亦不得聞君子之教也。』

哀公問於孔子曰：『智者壽乎？仁者壽乎？』孔子對曰：『然。人有三死，而非其命也，行己自取也。夫寢處不時，飲食不節，逸勞過度者，疾共殺之。居下位而上干其君，嗜欲無厭而求不止者，刑共殺之。以少犯衆，以弱侮强，忿怒不類，動不量力者，兵共殺之。此三者，死非命也，人自取之。若夫智士仁人，將身有節，動静以義，喜怒以時，無害其性，雖得壽焉，不亦可乎。』

孔子家語卷第二

致思第八

孔子北遊於農山，子路、子貢、顔淵侍側。孔子四望，喟然而嘆曰：『於斯致思，無所不至矣。二三子各言爾志，吾將擇焉。』子路進曰：『由願得白羽若月，赤羽若日，鍾鼓之音上震於天，旍旗繽紛下蟠於地。由當一隊而敵之，必也攘地千里，搴旗執聝。唯由能之，使二子者從我焉。』夫子曰：『勇哉！』子貢復進曰：『賜願使齊、楚合戰於漭瀁之野，兩壘相望，塵埃相接，挺刃交兵。賜著縞衣白冠，陳説其間，推論利害，釋國之患。唯賜能之，使夫二子者從我焉。』夫子曰：『辯哉！』顔回退而不對。孔子曰：『回，來！汝奚獨無願乎？』顔回對曰：『文武之事，則二子者既言之矣，回何云焉？』孔子曰：『雖然，各言爾志也，小子言之。』對曰：『回聞薰、蕕不同器而藏，堯、桀不共國而治，以其類異也。回願得明王聖主輔相之，敷其五教，導之以禮樂，使民城郭不修，溝池不越，鑄劍戟以爲農器，放牛馬於原藪。室家無離曠之思，千歲無戰鬭之患。則由無所施其勇，而賜無所用其辯矣。』夫子凜然曰：『美哉！德也。』子路抗手而對曰：『夫子何選焉？』孔子曰：『不傷財，不害民，不繁詞，則顏氏之子有矣。』

魯有儉嗇者，瓦鬲煮食，食之，自謂其美，盛之土型之器，以進孔子。孔子受之，歡然而悦，如受大牢之饋。子路曰：『瓦甂，陋器也；煮食，薄膳也。夫子何喜之如此乎？』子曰：『夫好諫者思其君，食美者念其親。吾非以饌具之爲厚，以其食厚而我思焉。』孔子之楚，而有漁者而獻魚焉，孔子不受。漁者曰：『天暑市遠，無所鬻也。思慮棄之糞壤，不如獻之君子，故敢以進焉。』於是夫子再拜受之，使弟子掃地，將以享祭。門人曰：『彼將棄之，而夫子以祭之，何也？』孔子曰：『吾聞諸，惜其腐餘而欲以務施者，仁人之偶也。惡有受仁人之饋，而無祭者乎？』

季羔爲衛之士師，刖人之足。俄而，衛有蒯聵之亂，季羔逃之，走郭門。刖者守門焉，謂季羔曰：『彼有缺。』季羔曰：『君子不逾。』又曰：『彼有竇。』季羔曰：『君子不隧。』又曰：『於此有室。』季羔乃入焉。既而追者罷，季羔將去，謂刖者曰：『吾不能虧主之法而親刖子之足矣。今吾在難，此正子之報怨之時，而逃我者三，何故哉？』刖者曰：『斷足，固我之罪，無可奈何。曩者，君治臣以法，令先人後臣，欲臣之免也，臣知之。獄決罪定，臨當論刑，君愀然不樂，見君顏色，臣又知之。君豈私臣哉？

天生君子，其道固然。此臣之所以悦君也。』孔子聞之，曰：『善哉！爲吏，其用法一也。思仁恕則樹德，加嚴暴則樹怨，公以行之，其子羔乎？』

孔子曰：『季孫之賜我粟千鍾也，而交益親。自南宫敬叔之乘我車也，而道加行。故道雖貴，必有時而後重，有勢而後行。微夫二子之貺財，則丘之道殆將廢矣。』

孔子曰：『王者有似乎春秋，文王以王季爲父，以太任爲母，以太姒爲妃，以武王、周公爲子，以太顛、閎夭爲臣，其本美矣。武王正其身以正其國，正其國以正天下，伐無道，刑有罪，一動而天下正，其事成矣。春秋致其時而萬物皆及，王者致其道而萬民皆治。周公載己行化，而天下順之，其誠至矣。』

曾子曰：『入是國也，言信於群臣，而留可也；行忠於卿大夫，則仕可也；澤施於百姓，則富可也。』孔子曰：『參之言此，可謂善安身矣。』

子路爲蒲宰，爲水備，與其民修溝瀆。以民之勞煩苦也，人與之一簞食、一壺漿。孔子聞之，使子貢止之。子路忿然不悦，往見孔子，曰：『由也以暴雨將至，恐有水災，故與民修溝洫以備之。而民多匱餓者，是以簞食壺漿而與之。夫子使賜止之，是夫子止由之行仁也。夫子以仁教而禁其行，由不受也。』孔子曰：『汝以民爲餓也，何不白於君，發倉廩以賑之？而私以爾食饋之，是汝明君之無惠，而見己之德美矣。汝速已則可，不，則汝之見罪必矣。』

子路問於孔子曰：『管仲之爲人何如？』子曰：『仁也。』子路曰：『昔管仲説襄公，公不受，是不辯也；欲立公子糾而不能，是不智也；家殘於齊而無憂色，是不慈也；桎梏而居檻車，無慚心，是無醜也；事所射之君，是不貞也；召忽死之，管仲不死，是不忠也。仁人之道，固若是乎？』孔子曰：『管仲説襄公，襄公不受，公之闇也；欲立子糾而不能，不遇時也；家殘於齊而無憂色，是知權命也；桎梏而無慚心，自裁審也；事所射之君，通於變也；不死子糾，量輕重也。夫子糾未成君，管仲未成臣。管仲才度義，管仲不死束縛而立功名，未可非也；召忽雖死，過與取仁，未足多也。』

孔子適齊，中路聞哭者之聲，其音甚哀。孔子謂其僕曰：『此哭哀則哀矣，然非喪者之哀矣。』驅而前，少進，見有異人焉，擁鐮帶索，哭者不哀。孔子下車，追而問曰：『子何人也？』對曰：『吾，丘吾子也。』曰：『子今非喪之所，奚哭之悲也？』丘吾子曰：『吾有三失，晚而自覺，悔之何及？』曰：『三失可得聞乎？願子告吾，無隱也。』丘吾子曰：『吾少時好學，周遍天下，後還，喪吾親，是一失也；長事齊君，君驕奢失士，臣節不遂，是二失也；吾平生厚交，而今皆離絶，是三失也。夫樹欲静而風不停，子欲養而親不待。往而不來者，年也；不可再見者，親也。請從此辭。』遂投水而死。孔子曰：『小子識之，斯足爲戒矣。』自是弟子辭歸養親者十有三。

孔子謂伯魚曰：『鯉乎，吾聞可以與人終日不倦者，其唯學焉。其容體不足觀也，其勇力不足憚也，其先祖不足稱也，其族姓不足道也。終而有大名，以顯聞四方、流聲後裔者，豈非學之效也？故君子不可以不學，其容不可以不飭，不飭無類，無類失親，失親不忠，不忠失禮，失禮不立。夫遠而有光者，飭也；近而愈明者，學也。譬之汙池，水潦注焉，萑葦生焉，雖或以觀之，孰知其源乎？』

子路見於孔子曰：『負重涉遠，不擇地而休；家貧親老，不擇禄而仕。昔者，由也事二親之時，常食藜藿之實，爲親負米百里之外。親殁之後，南遊於楚，從車百乘，積粟萬鍾，累茵而坐，列鼎而食，願欲食藜藿，爲親負米，不可復得也。枯魚銜索，幾何不蠹？二親之壽，忽若過隙。』孔子曰：『由也事親，可謂生事盡力，死事盡思者也。』

孔子之郯，遭程子於塗，傾蓋而語，終日，甚相親。顧謂子路曰：『取束帛以贈先生。』子路屑然對曰：『由聞之，士不中間見，女嫁無媒，君子不以交，禮也。』有間，又顧謂子路。子路又對如初。孔子曰：『由，《詩》不云乎：「有美一人，清揚宛兮。邂逅相遇，適我願兮。」今程子，天下賢士也。於斯不贈，則終身弗能見也。小子行之。』

孔子自衛反魯，息駕於河梁而觀焉。有懸水三十仞，圜流九十里，魚鱉不能導，黿鼉不能居。有一丈夫，方將厲之。孔子使人並涯止之，曰：『此懸水三十仞，圜流九十里，魚鱉黿鼉不能居也，意者難可濟也。』丈夫不以措意，遂渡而出。孔子問之曰：『子巧乎？有道術乎？所以能入而出者，何也？』丈夫對曰：『始吾之入也，先以忠信；及吾之出也，又從以忠信。忠信措吾軀於波流，而吾不敢以用私，所以能入而復出也。』孔子謂弟子曰：『二三子識之，水且猶可以忠信成身親之，而況於人乎？』

孔子將行，雨而無蓋。門人曰：『商也有之。』孔子曰：『商之爲人也，甚吝其財。吾聞與人交，推其長者，違其短者，故能久也。』

楚王渡江，江中有物大如斗，圓而赤，直觸王舟。舟人取之。王大怪之，遍問群臣，莫之能識。王使使聘於魯，問於孔子。子曰：『此所謂萍實者也，可剖而食之，吉祥也，唯霸者爲能獲焉。』使者反。王遂食之，大美。久之，使來，以告魯大夫。大夫因子游問曰：『夫子何以知其然乎？』曰：『吾昔之鄭，過乎陳之野，聞童謠曰：「楚王渡江得萍實，大如斗，赤如日，剖而食之甜如蜜。」此是楚王之應也，吾是以知之。』

子貢問於孔子曰：『死者有知乎？將無知乎？』子曰：『吾欲言死之有知，將恐孝子順孫妨生以送死；吾欲言死之無知，將恐不孝之子棄其親而不葬。賜欲知死者有知與無知，非今之急，後自知之。』

子貢問治民於孔子。子曰：『懔懔焉若持腐索之扞馬。』子貢曰：『何其畏也。』孔子曰：『夫通達之御之皆人也，以道導之，則吾畜也；不以道導之，則吾仇也。如之何其無畏也。』

魯國之法，贖人臣妾於諸侯者，皆取金於府。子貢贖之，辭而不取金。孔子聞之曰：『賜失之矣。夫聖人之舉事也，可以移風易俗，而教導可以施之於百姓，非獨適身之行也。今魯國富者寡而貧者衆，贖人受金，則爲不廉，則何以相贖乎？自今以後，魯人不復贖人於諸侯。』

子路治蒲，請見於孔子曰：『由願受教於夫子。』子曰：『蒲其何如？』對曰：『邑多壯士，又難治也。』子曰：『然。吾語爾。恭而敬，可以攝勇；寬而正，可以懷强；愛而恕，可以容困；温而斷，可以抑奸。如此而加之，則正不難矣。』

三恕第九

孔子曰：『君子有三恕。有君不能事，有臣而求其使，非恕也；有親不能孝，有子而求其報，非恕也；有兄不能敬，有弟而求其順，非恕也。士能明於三恕之本，則可謂端身矣。』

孔子曰：『君子有三思，不可不察也。少而不學，長無能也；老而不教，死莫之思也；有而不施，窮莫之救也。故君子少思其長則務學，老思其死則務教，有思其窮則務施。』

伯常騫問於孔子曰：『騫固周國之賤吏也，不自以不肖，將北面以事君子。敢問正道宜行，不容於世；隱道宜行，然亦不忍。今欲身亦不窮，道亦不隱，爲之有道乎？』孔子曰：『善哉！子之問也。自丘之聞，未有若吾子所問辯且說也。丘嘗聞君子之言道矣，聽者無察，則道不入；奇偉不稽，則道不信。又嘗聞君子之言事矣，制無度量，則事不成；其政曉察，則民不保。又嘗聞君子之言志矣，罡折者不終，徑易者數傷，浩倨者則不親，就利者則無不弊。又嘗聞養世之君子矣，從輕勿爲先，從重勿爲後，見像而勿强，陳道而勿怫。此四者，丘之所聞也。』

孔子觀於魯桓公之廟，有欹器焉。夫子問於守廟者曰：『此謂何器？』對曰：『此蓋爲宥坐之器。』孔子曰：『吾聞宥坐之器，虛則欹，中則正，滿則覆。明君以爲至誡，故常置之於坐側。』顧謂弟子曰：『試注水焉。』乃注之水，中則正，滿則覆。夫子喟然嘆曰：『嗚呼！夫物惡有滿而不覆哉？』子路進曰：『敢問持滿有道乎？』子曰：『聰明睿智，守之以愚；功被天下，守之以讓；勇力振世，守之以怯；富有四海，守之以謙。此所謂損之又損之之道也。』

孔子觀於東流之水。子貢問曰：『君子所見大水必觀焉，何也？』孔子對曰：『以其不息，且遍與諸生而不爲也，夫水似乎德：其流也，則卑下，倨拘必修其理，此似義；浩浩乎無屈盡之期，此似道；流行赴百仞之溪而不懼，此似勇；至量必平之，此似法；盛而不求概，此似正；綽約微達，此似察；發源必東，此似志；以出以入，萬物就以化潔，此似善化也。水之德有若此，是故君子見必觀焉。』

子貢觀於魯廟之北堂，出而問於孔子曰：『向也賜觀於太廟之堂，未既輟，還瞻北蓋，皆斷焉，彼將有説耶？匠過之也？』孔子曰：『太廟之堂，官致良工之匠，匠致良材，盡其功巧，蓋貴久矣。尚有説也？』

孔子曰：『吾有所耻，有所鄙，有所殆。夫幼而不能强學，老而無以教，吾耻之；去其鄉，事君而達，卒遇故人，曾無舊言，吾鄙之；與小人處而不能親賢，吾殆之。』

子路見於孔子，孔子曰：『智者若何？仁者若何？』子路對曰：『智者使人知己，仁者使人愛己。』子曰：『可謂士矣。』子路出，子貢入。問亦如之。子貢對曰：『智者知人，仁者愛人。』子曰：『可謂士矣。』子貢出，顏回入。問亦如之。對曰：『智者自知，仁者自愛。』子曰：『可謂士君子矣。』

子貢問於孔子曰：『子從父命，孝乎？臣從君命，貞乎？奚疑焉？』孔子曰：『鄙哉！賜，汝不識也。昔者明王萬乘之國，有争臣七人，則主無過舉；千乘之國，有争臣五人，則社稷不危也；百乘之家，有争臣三人，則禄位不替；父有争子，不陷無禮；士有争友，不行不義。故子從父命，奚詎爲孝？臣從君命，奚詎爲貞？夫能審其所從，之謂孝，之謂貞矣。』

子路盛服見於孔子。子曰：『由，是倨倨者，何也？夫江始出於岷山，其源可以濫觴；及其至於江津，不舫舟，不避風，則不可以涉。非唯下流水多耶？今爾衣服既盛，顏色充盈，天下且孰肯以非告汝乎？』子路趨而出，改服而入，蓋自若也。子曰：『由，志之！吾告汝：奮於言者華，奮於行者伐，夫色智而有能者，小人也。故君子知之曰知，言之要也；不能曰不能，行之至也。言要則智，行至則仁。既仁且智，惡不足哉？』

子路問於孔子曰：『有人於此，披褐而懷玉，何如？』子曰：『國無道，隱之可也；國有道，則衮冕而執玉。』

好生第十

魯哀公問於孔子曰：『昔者，舜冠何冠乎？』孔子不對。公曰：『寡人有問於子，而子無言，何也？』對曰：『以君之問不先其大者，故方思所以爲對。』公曰：『其大何乎？』孔子曰：『舜之爲君也，其政好生而惡殺，其任授賢而替不肖，德若天地而靜虛，化若四時而變物。是以四海承風，暢於異類，鳳翔麟至，鳥獸馴德。無他也，好生故也。君舍此道而冠冕是問，是以緩對。』

孔子讀史，至楚復陳，喟然嘆曰：『賢哉楚王！輕千乘之國，而重一言之信。匪申叔之信，不能達其義，匪莊王之賢，不能受其訓。』

孔子嘗自筮其卦，得《賁》焉，愀然有不平之狀。子張進曰：『師聞卜者得《賁》卦，吉也。而夫子之色有不平，何也？』孔子對曰：『以其離耶。在《周易》，山下有火謂之《賁》，非正色之卦也。夫質也，黑白宜正焉。今得賁，非吾兆也。吾聞丹漆不文，白玉不雕。何也？質有餘，不受飾故也。』

孔子曰：『吾於《甘棠》，見宗廟之敬甚矣。思其人，必愛其樹；尊其人，必敬其位，道也。』

子路戎服見於孔子，拔劍而舞之，曰：『古之君子，以劍自衛乎？』孔子曰：『古之君子，忠以爲質，仁以爲衛，不出環堵之室，而知千里之外。有不善則以忠化之，侵暴則以仁固之，何持劍乎？』子路曰：『由乃今聞此言，請攝齊以受教。』

楚恭王出遊，亡烏嗥之弓，左右請求之。王曰：『止，楚王失弓，楚人得之，又何求之？』孔子聞之，曰：『惜乎其不大也，不曰人遺弓，人得之而已，何必楚也！』

孔子爲魯司寇，斷獄訟，皆進衆議者而問之，曰：『子以爲奚若？某以爲何若？』皆曰云云如是，然後夫子曰：『當從某子，幾是。』

孔子問漆雕憑曰：『子事臧文仲、武仲及孺子容，此三大夫孰賢？』對曰：『臧氏家有守龜焉，名曰蔡。文仲三年而爲一兆，武仲三年而爲二兆，孺子容三年而爲三兆。憑從此之見，若問三人之賢與不賢，所未敢識也。』孔子曰：『君子哉！漆雕氏之子！其言人之美也，隱而顯；言人之過也，微而著。智而不能及，明而不能見，孰克如此。』

魯公索氏將祭而亡其牲。孔子聞之，曰：『公索氏不及二年將亡。』後一年而亡。門人問曰：『昔公索氏亡其祭牲，而夫子曰：「不及二年必亡。」今過期而亡，夫子何以知其然？』孔子曰：『夫祭者，孝子所以自盡於其親。將祭而亡其牲，則其餘所亡者多矣。若此而不亡者，未之有也。』

虞、芮二國爭田而訟，連年不決。乃相謂曰：『西伯仁也，盍往質之？』入其境，則耕者讓畔，行者讓路；入其朝，士讓爲大夫，大夫讓於卿。虞、芮之君曰：『嘻！吾儕小人也，不可以履君子之庭。』遂自相與而退，咸以所争之田爲閒田也。孔子曰：『以此觀之，文王之道，其不可加焉。不令而從，不教而聽，至矣哉！』

曾子曰：『狎甚則相簡，莊甚則不親。是故君子之狎足以交歡，其莊足以成禮。』孔子聞斯言也，曰：『二三子志之，孰謂參也不知禮乎？』

哀公問曰：『紳、委、章甫，有益於仁乎？』孔子作色而對曰：『君胡然焉？衰麻苴杖者，志不存乎樂，非耳弗聞，服使然也；黼黻衮冕者，容不褻慢，非性矜莊，服使然也；介冑執戈者，無退懦之氣，非體純猛，服使然也。且臣聞之，好肆不守折，而長者不爲市。竊夫其有益與無益，君子所以知。』

孔子謂子路曰：『見長者而不盡其辭，雖有風雨，吾不能入其門矣。故君子以其所能敬人，小人反是。』

孔子謂子路曰：『君子以心導耳目，立義以爲勇；小人以耳目導心，不遜以爲勇。故曰退之而不怨，先之斯可從已。』

孔子曰：『君子有三患。未之聞，患不得聞；既得聞之，患弗得學；既得學之，患弗能行。有其德而無其言，君子耻之；有其言而無其行，君子耻之；既得之，而又失之，君子耻之；地有餘，民不足，君子耻之；衆寡均而人功倍己焉，君子耻之。』

魯人有獨處室者，鄰人釐婦亦獨處一室。夜，暴風雨至，釐婦室壞，趨而託焉。魯人閉户而不納，釐婦自牖與之言：『何不仁而不納我乎？』魯人曰：『吾聞男女不六十不同居，今子幼，吾亦幼，是以不敢納爾也。』婦人曰：『子何不如柳下惠然，嫗不逮門之女，國人不稱其亂。』魯人曰：『柳下惠則可，吾固不可。吾將以吾之不可，學柳下惠之可。』孔子聞之，曰：『善哉！欲學柳下惠者，未有似於此者。期於至善，而不襲其爲，可謂智乎！』

孔子曰：『小辯害義，小言破道。《關雎》興於鳥，而君子美之，取其雄雌之有别。《鹿鳴》興於獸，而君子大之，取其得食而相呼。若以鳥獸之名嫌之，固不可行也。』

孔子謂子路曰：『君子而强氣，而不得其死；小人而强氣，則刑戮薦蓁。《豳詩》曰：「殆天之未陰雨，徹彼桑土，綢繆牖户。今汝下民，或敢侮余。」』孔子曰：『能治國家之如此，雖欲侮之，豈可得乎？周自后稷，積行累功，以有爵土，公劉重之以仁。及至大王亶甫，敦以德讓，其樹根置本，備豫遠矣。初，大王都豳，翟人侵之。事之以皮幣，不得免焉；事之以珠玉，不得免焉。於是屬耆老而告之：「所欲吾土地。吾聞之，君子不以所養而害人。二三子何患乎無君？」遂獨與大姜去之，踰梁山，邑於岐山之下。豳人曰：「仁人之君，不可失也。」從之如歸市焉。天之與周，民之去殷，久矣。若此而不能王天下，未之有也。武庚惡能侮？《鄁詩》曰：「執轡如組，兩驂如儛。」』孔子曰：『爲此詩者，其知政乎？夫爲組者，總紕於此，成文於彼。言其動於近，行於遠也。執此法以御民，豈不化乎？《竿旄》之忠告，至矣哉！』」

孔子家語卷第三

觀周第十一

孔子謂南宮敬叔曰：『吾聞老聃博古知今，通禮樂之原，明道德之歸，則吾師也。今將往矣。』對曰：『謹受命。』遂言於魯君曰：『臣受先臣之命云，「孔子，聖人之後也，滅於宋，其祖弗父何始有國而授厲公，及正考父，佐戴、武、宣，三命兹益恭。故其鼎銘曰：『一命而僂，再命而傴，三命而俯，循牆而走，亦莫余敢侮。饘於是，粥於是，以糊其口。』其恭儉也若此。臧孫紇有言：『聖人之後，若不當世，則必有明德而達者焉。』孔子少而好禮，其將在矣。」屬臣曰：「汝必師之。」今孔子將適周，觀先王之遺制，考禮樂之所極，斯大業也，君盍以乘資之？臣請與往。』公曰：

『諾。』與孔子車一乘、馬二匹，豎子侍御。敬叔與俱至周。問禮於老聃，訪樂於萇弘，歷郊社之所，考明堂之則，察廟朝之度。於是喟然曰：『吾乃今知周公之聖，與周之所以王也。』及去周，老子送之，曰：『吾聞富貴者送人以財，仁者送人以言。吾雖不能富貴，而竊仁者之號，請送子以言乎。凡當今之士，聰明深察而近於死者，好譏議人者也；博辯閎達而危其身，好發人之惡者也。無以有己爲人子者，無以惡己爲人臣者。』孔子曰：『敬奉教。』自周返魯，道彌尊矣。遠方弟子之進，蓋三千焉。

孔子觀乎明堂，睹四門墉有堯舜之容、桀紂之象，而各有善惡之狀、興廢之誡焉。又有周公相成王，抱之負斧扆，南面以朝諸侯之圖焉。孔子徘徊而望之，謂從者曰：『此周之所以盛也。夫明鏡所以察形，往古者所以知今。人主不務襲迹於其所以安存，而忽怠所以危亡，是猶未有以異於卻走而欲求及前人也，豈不惑哉！』

孔子觀周，遂入太祖后稷之廟。廟堂右階之前，有金人焉。三緘其口，而銘其背曰：『古之慎言人也，戒之哉！無多言，多言多敗；無多事，多事多患。安樂必戒，無所行悔。勿謂何傷，其禍將長；勿謂何害，其禍將大；勿謂不聞，神將伺人。焰焰不滅，炎炎若何？涓涓不壅，終爲江河；綿綿不絕，或成網羅；毫末不札，將尋斧柯。誠能慎之，福之根也。口是何傷？禍之門也。强梁者不得其死，好勝者必遇其敵。盜憎主人，民怨其上。君子知天下之不可上也，故下之；知衆人之不可先也，故後之。温恭慎德，使人慕之；執雌持下，人莫逾之。人皆趨彼，我獨守此；人皆或之，我獨不徙。内藏我智，不示人技。我雖尊高，人弗我害，誰能於此？江海雖左，長於百川，以其卑也。天道無親，而能下人。戒之哉！』孔子既讀斯文也，顧謂弟子曰：『小子識之！此言實而中，情而信。《詩》曰：「戰戰兢兢，如臨深淵，如履薄冰。」行身如此，豈以口過患哉？』

孔子見老聃而問焉，曰：『甚矣，道之於今難行也。吾比執道，而今委質以求當世之君，而弗受也。道於今難行也。』老子曰：『夫説者流於辯，聽者亂於辭。如此二者，則道不可以忘也。』

弟子行第十二

衛將軍文子問於子貢曰：『吾聞孔子之施教也，先之以《詩》《書》，而道之以孝悌，説之以仁義，觀之以禮樂，然後成之以文德。蓋入室升堂者七十有餘人，其孰爲賢？』子貢對以不知。文子曰：『以吾子常與學，賢者也，何爲不知？』子貢對曰：『賢人無妄，知賢即難。故君子之言曰：

「智莫難於知人。」是以難對也。』文子曰：『若夫知賢，莫不難。今吾子親遊焉，是以敢問。』子貢曰：『夫子之門人，蓋有三千就焉。賜有逮及焉，未逮及焉，故不得遍知以告也。』文子曰：『吾子所及者，請問其行。』

子貢對曰：『夫能夙興夜寐，諷誦崇禮，行不貳過，稱言不苟，是顏回之行也。孔子說之以《詩》曰：「媚茲一人，應侯慎德」，「永言孝思，孝思惟則」。若逢有德之君，世受顯命，不失厥名，以御於天子，則王者之相也。在貧如客，使其臣如借，不遷怒，不深怨，不録舊罪，是冉雍之行也。孔子論其材曰：「有土之君子也，有衆使也，有刑用也，然後稱怒焉。」孔子告之以《詩》曰：「靡不有初，鮮克有終。」匹夫不怒，唯以亡其身。不畏强禦，不侮矜寡，其言循性，其都以富，材任治戎，是仲由之行也。孔子和之以文，說之以《詩》曰：「受小拱大拱，而爲下國駿庬。荷天子之龍」，「不戁不悚」，「敷奏其勇」。强乎武哉，文不勝其質。恭老恤幼，不忘賓旅，好學博藝，省物而勤也，是冉求之行也。孔子因而語之曰：「好學則智，恤孤則惠，恭則近禮，勤則有繼。堯舜篤恭，以王天下。」其稱之也曰：「宜爲國老。」齊莊而能肅，志通而好禮，擯相兩君之事，篤雅有節，是公西赤之行也。子曰：「禮經三百，可勉能也；威儀三千，則難也。」公西赤問曰：「何謂也？」子曰：「貌以儐禮，禮以儐辭，是謂難焉。」衆人聞之，以爲成也。孔子語人曰：「當賓客之事，則達矣。」謂門人曰：「二三子之欲學賓客之禮者，其於赤也。」滿而不盈，實而如虛，過之如不及，先王難之；博無不學，其貌恭，其德敦；其言於人也，無所不信；其驕大人也，常以浩浩，是以眉壽。是曾參之行也。孔子曰：「孝，德之始也；悌，德之序也；信，德之厚也；忠，德之正也。參中夫四德者也。」以此稱之。

美功不伐，貴位不善，不侮不佚，不傲無告，是顓孫師之行也。孔子言之曰：「其不伐則猶可能也，其不弊百姓，則仁也。」《詩》云：「愷悌君子，民之父母。」夫子以其仁爲大。學之深，送迎必敬，上交下接若截焉，是卜商之行也。孔子說之以《詩》曰：「式夷式已，無小人殆。」若商也，其可謂不險矣。貴之不喜，賤之不怒，苟利於民矣，廉於行己，其事上也以佑其下，是澹臺滅明之行也。孔子曰：「獨貴獨富，君子耻之，夫也中之矣。」先成其慮，及事而用之，故動則不妄，是言偃之行也。孔子曰：「欲能則學，欲知則問，欲善則詳，欲給則豫，當是而行，偃也得之矣。」獨居思仁，公言言義，其於《詩》也，則一日三复「白圭之玷」，是宫縚之行也。孔子信其能仁，以爲異士。自見孔子，出入於户，未嘗越禮；往來過之，足不履影；啓蟄不殺，方長不折；執親之喪，未嘗見齒。是高柴之行也。孔子曰：「柴於親喪，則難能也；啓蟄不殺，則順人道；方長不折，則恕仁也。成湯恭而以恕，是以日隮。」凡此諸子，賜之所親睹者也。吾子有命而訊賜，賜也固，不足以知賢。』文子曰：『吾聞之也，國有道則賢人興焉，中人用焉，乃百姓歸之。若吾子之論，既富茂矣。壹諸侯之相也，抑世未有明君，所以不遇也。』子貢既與衛將軍文子言，適魯，見孔子曰：『衛將軍文子問二三子之於賜，不壹而三焉。賜也辭不獲命，以所見者對矣，未知中否，請以告。』孔子曰：『言之乎。』子貢以其辭狀告孔子。子聞而笑曰：『賜，汝次爲人矣。』子貢對曰：『賜也何敢知人，此以賜之所睹也。』孔子曰：『然。吾亦語汝耳之所未聞，目之所未見者，豈思之所不至，智之所未及哉？』子貢曰：『賜願得聞之。』孔子曰：『不克不忌，不念舊怨，蓋伯夷、叔齊之行也。思天而敬人，服義而行信，孝於父母，恭於兄弟，從善而不教，蓋趙文子之行也。其事君也，不敢愛其死，然亦不敢忘其身，謀其身不遺其友，君陳則進而用之，不陳則行而退，蓋隨武子之行也。其爲人之淵源也，多聞而難誕，内植足以没其世，國家有道，其言足以治，無道，其默足以生，蓋銅鞮伯華之行也。外寬而内正，自極於隱括之中，直己而不直人，汲汲於仁，以善自終，蓋蘧伯玉之行也。孝恭慈仁，允德圖義，約貨去怨，輕財不匱，蓋柳下惠之行也。其言曰君雖不量於其身，臣不可以不忠於其君，是故君擇臣而任之，臣亦擇君而事之。有道順命，無道衡命，蓋晏平仲之行也。蹈忠而行信，終日言不在尤之内，國無道，處賤不悶，貧而能樂，蓋老子之行也。易行以俟天命，居下不援其上。其親觀於四方也，不忘其親，不盡其樂，以不能則學，不爲己終身之憂，蓋介子山之行也。』子貢曰：『敢問夫子之所知者，蓋盡於此而已乎？』孔子曰：『何謂其然？亦略舉耳目之所及而矣。昔晉平公問祁奚曰：「羊舌大夫，晉之良大夫也，其行若何？」祁奚辭以不知。公曰：「吾聞子少長乎其所，今子掩之，何也？」祁奚對曰：「其少也恭而順，心有耻而不使其過宿。其爲大夫，悉善而謙其端。其爲輿尉也，信而好直其功。至於其爲容也，温良而好禮，博聞而時出其志。」公曰：「曩者問子，子奚曰不知也？」祁奚曰：「每位改變，未知所止，是以不敢得知也。」此又羊舌大夫之行也。』子貢跪曰：『請退而記之。』

賢君第十三

哀公問於孔子曰：『當今之君，孰爲最賢？』孔子對曰：『丘未之見也，抑有衛靈公乎？』公曰：『吾聞其閨門之内無別，而子次之賢，何也？』孔子曰：『臣語其朝廷行事，不論其私家之際也。』公曰：『其事何如？』孔子對曰：『靈公之弟曰公子渠牟，其智足以治千乘，其信足以守之。靈公愛而任之。又有士曰林國者，見賢必進之，而退與分其禄，是以靈公無遊放之士。靈公賢而尊之。又有士曰慶足者，衛國有大事，則必起而治之；國無事，則退而容賢。靈公悦而敬之。又有大夫史鰌，以道去衛。而靈公郊舍三日，琴瑟不御，必待史鰌之入而後敢入。臣以此取之，雖次之賢，不亦可乎。』

子貢問於孔子曰：『今之人臣，孰爲賢？』子曰：『吾未識也。往者齊有鮑叔，鄭有子皮，則賢者矣。』子貢曰：『齊無管仲，鄭無子產？』子曰：『賜，汝徒知其一，未知其二也。汝聞用力爲賢乎？進賢爲賢乎？』子貢曰：『進賢賢哉！』子曰：『然。吾聞鮑叔達管仲，子皮達子產，未聞二子之達賢己之才者也。』

哀公問於孔子曰：『寡人聞忘之甚者，徙而忘其妻，有諸？』孔子對曰：『此猶未甚者也，甚者乃忘其身。』公曰：『可得而聞乎？』孔子曰：『昔者，夏桀貴爲天子，富有四海，忘其聖祖之道，壞其典法，廢其世祀，荒於淫樂，耽湎於酒。佞臣諂諛，窺導其心；忠士折口，逃罪不言。天下誅桀而有其國，此謂忘其身之甚矣。』

顔淵將西遊於宋，問於孔子曰：『何以爲身？』子曰：『恭敬忠信而已矣。恭則遠於患，敬則人愛之，忠則和於衆，信則人任之。勤斯四者，可以政國，豈特一身者哉？故夫不比於數而比於疏，不亦遠乎？不修其中而修外者，不亦反乎？慮不先定，臨事而謀，不亦晚乎？』

孔子讀《詩》，於《正月》六章，惕焉如懼，曰：『彼不達之君子，豈不殆哉？從上依世則道廢，違上離俗則身危。時不興善，己獨由之，則曰非妖即妄也。故賢也既不遇天，恐不終其命焉。桀殺龍逢，紂殺比干，皆是類也。《詩》曰：「謂天蓋高，不敢不局；謂地蓋厚，不敢不蹐。」此言上下畏罪，無所自容也。』

子路問於孔子曰：『賢君治國，所先者何？』孔子曰：『在於尊賢而賤不肖。』子路曰：『由聞晉中行氏尊賢而賤不肖矣，其亡何也？』孔子曰：『中行氏尊賢而不能用，賤不肖而不能去。賢者知其不用而怨之，不肖者知其必己賤而仇之。怨讎並存於國，鄰敵搆兵於郊，中行氏雖欲無亡，豈可得乎？』

孔子閒處，喟然而嘆曰：『嚮使銅鞮伯華無死，則天下其有定矣。』子路曰：『由願聞其人也。』子曰：『其幼也，敏而好學；其壯也，有勇而不屈；其老也，有道而能下人。有此三者，以定天下也，何難乎哉？』子路曰：『幼而好學，壯而有勇，則可也。若夫有道下人，又誰下哉？』子曰：『由不知，吾聞以衆攻寡，無不克也；以貴下賤，無不得也。昔者周公居冢宰之尊，制天下之政，而猶下白屋之士，日見百七十人。斯豈以無道也，欲得士之用也。惡有有道而無下天下君子哉？』

齊景公來適魯，舍於公館，使晏嬰迎孔子。孔子至，景公問政焉。孔子答曰：『政在節財。』公悦，又問曰：『秦穆公國小，處僻而霸。何也？』孔子曰：『其國雖小，其志大；處雖僻，而其政中。其舉也果，其謀也和，法無私而令不愉。首拔五羖，爵之大夫，與語三日而授之以政。以此取之，雖王可，其霸少矣。』景公曰：『善哉。』

哀公問政於孔子。孔子對曰：『政之急者，莫大乎使民富且壽也。』

公曰：『爲之奈何？』孔子曰：『省力役，薄賦斂，則民富矣；敦禮教，遠罪疾，則民壽矣。』公曰：『寡人欲行夫子之言，恐吾國貧矣。』孔子曰：『《詩》云：「愷悌君子，民之父母。」未有子富而父母貧者也。』

衛靈公問於孔子曰：『有語寡人：「有國家者，計之於廟堂之上，則政治矣。」何如？』孔子曰：『其可也。愛人者則人愛之，惡人者則人惡之。知得之己者，則知得之人。所謂不出環堵之室而知天下者，知反己之謂也。』

孔子見宋君。君問孔子曰：『吾欲使長有國而列都得之，吾欲使民無惑，吾欲使士竭力，吾欲使日月當時，吾欲使聖人自來，吾欲使官府治理，爲之奈何？』孔子對曰：『千乘之君，問丘者多矣，而未有若主君之問問之悉也。然主君所欲者，盡可得也。丘聞之，鄰國相親，則長有國；君惠臣忠，則列都得之；不殺無辜，無釋罪人，則民不惑；士益之祿，則皆竭力；尊天敬鬼，則日月當時；崇道貴德，則聖人自來；任能黜否，則官府治理。』宋君曰：『善哉，豈不然乎！寡人不佞，不足以致之也。』孔子曰：『此事非難，唯欲行之云耳。』

辯政第十四

子貢問於孔子曰：『昔者齊君問政於夫子，夫子曰「政在節財」；魯君問政於夫子，子曰「政在諭臣」；葉公問政於夫子，夫子曰「政在悅近而來遠」。三者之問一也，而夫子應之不同。然政在異端乎？』孔子曰：『各因其事也。齊君爲國，奢乎臺榭，淫於苑囿，五官伎樂，不解於時，一旦而賜人以千乘之家者三，故曰「政在節財」。魯君有臣三人，內比周以愚其君，外距諸侯之賓以蔽其明，故曰「政在諭臣」。夫荆之地廣而都狹，民有離心，莫安其居，故曰「政在悦近而來遠」。此三者所以爲政殊矣。《詩》云：「喪亂蔑資，曾不惠我師。」此傷奢侈不節以爲亂者也。又曰：「匪其止共，惟王之邛。」此傷奸臣蔽主以爲亂也。又曰：「亂離瘼矣，奚其適歸？」此傷離散以爲亂者也。察此三者，政之所欲，豈同乎哉。』

孔子曰：『忠臣之諫君，有五義焉：一曰譎諫，二曰戇諫，三曰降諫，四曰直諫，五曰風諫。唯度主而行之，吾從其風諫乎。』

子曰：『夫道不可不貴也。中行文子倍道失義以亡其國，而能禮賢以活其身。聖人轉禍爲福，此謂是與。』

楚王將遊荆臺，司馬子祺諫，王怒之。令尹子西賀於殿下，諫曰：『今荆臺之觀，不可失也。』王喜，拊子西之背曰：『與子共樂之矣。』子西步馬十里，引轡而止，曰：『臣願言有道，王肯聽之乎？』王曰：『子其言之。』子西曰：『臣聞爲人臣而忠其君者，爵祿不足以賞也；諛其君者，刑罰不足以誅也。夫子祺者，忠臣也；而臣者，諛臣也。願王賞忠而誅諛焉。』王曰：『我今聽司馬之諫，是獨能禁我耳。若後世遊之何也？』子西曰：『禁後世易耳。大王萬歲之後，起山陵於荆臺之上，則子孫必不忍遊於父祖之墓以爲歡樂也。』王曰：『善。』乃還。孔子聞之，曰：『至哉，子西之諫也！入之於千里之上，抑之於百世之後者也。』

子貢問於孔子曰：『夫子之於子產、晏子，可爲至矣。敢問二大夫之所爲目，夫子之所以與之者。』孔子曰：『夫子產，於民爲惠主，於學爲博物。晏子，於君爲忠臣，而行爲恭敏。故吾皆以兄事之，而加愛敬。』

齊有一足之鳥，飛集於宮朝，下止於殿前，舒翅而跳。齊侯大怪之，使使聘魯問孔子。孔子曰：『此鳥名曰商羊，水祥也。昔童兒有屈其一腳，振訊兩眉而跳且謡曰：「天將大雨，商羊鼓舞。」今齊有之，其應至矣。急告民趨治溝渠，修隄防，將有大水爲災。』頃之，大霖雨，水溢泛諸國，傷害民人，唯齊有備，不敗。景公曰：『聖人之言，信而徵矣。』

孔子謂宓子賤曰：『子治單父，衆悦，子何施而得之也？子語丘所以爲之者。』對曰：『不齊之治也，父恤其子，其子恤諸孤而哀喪紀。』孔子曰：『善。小節也，小民附矣，猶未足也。』曰：『不齊所父事者三人，所兄事者五人，所友事者十一人。』孔子曰：『父事三人，可以教孝矣；兄事五人，可以教悌矣；友事十一人，可以舉善矣。中節也，中人附矣，猶未足也。』曰：『此地民有賢於不齊者五人，不齊事之而稟度焉，皆教不齊之道。』孔子嘆曰：『其大者乃於此乎有矣。昔堯舜聽天下，務求賢以自輔。夫賢者，百福之宗也，神明之主也。惜乎不齊之所以治者小也。』

子貢爲信陽宰，將行，辭於孔子。孔子曰：『勤之慎之，奉天子之時，無奪無伐，無暴無盜。』子貢曰：『賜也少而事君子，豈以盜爲累哉？』孔子曰：『汝未之詳也。夫以賢代賢，是謂之奪；以不肖代賢，是謂之伐；緩令急誅，是謂之暴；取善自與，謂之盜。盜非竊財之謂也。吾聞之：知爲吏者，奉法以利民；不知爲吏者，枉法以侵民。此怨之所由也。治官莫若平，臨財莫如廉。廉平之守，不可改也。匿人之善，斯謂蔽賢；揚人之惡，斯爲小人。內不相訓而外相謗，非親睦也。言人之善，若己有之；言人之惡，若己受之。故君子無所不慎焉。』

子路治蒲三年，孔子過之。入其境，曰：『善哉！由也，恭敬以信矣。』入其邑，曰：『善哉！由也，忠信而寬矣。』至其庭，曰：『善哉！由也，明察以斷矣。』子貢執轡而問曰：『夫子未見由之政，而三稱其善，其善可得聞乎？』孔子曰：『吾見其政矣。入其境，田疇盡易，草萊甚辟，溝洫深治，此其恭敬以信，故其民盡力也；入其邑，牆屋完固，樹木甚茂，此其忠信以寬，故其民不偷也；至其庭，庭甚清閒，諸下用命，此其言明察以斷，故其政不擾也。以此觀之，雖三稱其善，庸盡其美乎。』

孔子家語卷第四

六本第十五

孔子曰：『行己有六本焉，然後爲君子也。立身有義矣，而孝爲本；喪紀有禮矣，而哀爲本；戰陣有列矣，而勇爲本；治政有理矣，而農爲本；居國有道矣，而嗣爲本；生財有時矣，而力爲本。置本不固，無務農桑；親戚不悦，無務外交；事不終始，無務多業；記聞而言，無務多説；比近不安，無務求遠。是故反本修邇，君子之道也。』

孔子曰：『良藥苦於口而利於病，忠言逆於耳而利於行。湯武以諤諤而昌，桀紂以唯唯而亡。君無争臣，父無争子，兄無争弟，士無争友，無其過者，未之有也。故曰：君失之，臣得之；父失之，子得之；兄失之，弟得之；己失之，友得之。是以國無危亡之兆，家無悖亂之惡。父子兄弟無失，而交友無絶也。』

孔子見齊景公，公悦焉，請置廩丘之邑以爲養。孔子辭而不受。入謂弟子曰：『吾聞君子當功受賞。今吾言於齊君，君未之有行，而賜吾邑，其不知丘亦甚矣。』於是遂行。

孔子在齊，舍於外館，景公造焉。賓主之辭既接，而左右白曰：『周使適至，言先王廟災。』景公覆問：『災何王之廟也？』孔子曰：『此必釐王之廟。』公曰：『何以知之？』孔子曰：『《詩》云：「皇皇上天，其命不忒。天之以善，必報其德。」禍亦如之。夫釐王變文、武之制，而作玄黄華麗之飾，宫室崇峻，輿馬奢侈，而弗可振也，故天殃所宜加其廟焉。以是占之爲然。』公曰：『天何不殃其身，而加罰其廟也？』孔子曰：『蓋以文、武故也。若殃其身，則文、武之嗣無乃殄乎。故當殃其廟，以彰其過。』俄頃，左右報曰：『所災者，釐王廟也。』景公驚起，再拜曰：『善哉，聖人之智！過人遠矣。』

子夏三年之喪畢，見於孔子。子曰：『與之琴，使之弦。』侃侃而樂，作而曰：『先王制禮，不敢不及。』子曰：『君子也。』閔子三年之喪畢，見於孔子。孔子與之琴，使之弦。切切而悲，作而曰：『先王制禮，弗敢過也。』子曰：『君子也。』子貢曰：『閔子哀未盡，夫子曰「君子也」；子夏哀已盡，又曰「君子也」。二者殊情而俱曰君子，賜也或，敢問之。』孔子曰：『閔子哀未忘，能斷之以禮；子夏哀已盡，能引之及禮。雖均之君子，不亦可乎？』

孔子曰：『無體之禮，敬也；無服之喪，哀也；無聲之樂，歡也。不言而信，不動而威，不施而仁，志。夫鐘之音，怒而擊之則武，憂而擊之則悲。其志變者，聲亦隨之。故志誠感之，通於金石，而況人乎？』

孔子見羅雀者，所得皆黄口小雀。夫子問之曰：『大雀獨不得，何也？』羅者曰：『大雀善驚而難得，黄口貪食而易得。黄口從大雀則不得，大雀從黄口亦不得。』孔子顧謂弟子曰：『善驚以遠害，利食而忘患，自其心矣，而以所從爲禍福。故君子慎其所從。以長者之慮，則有全身之階；隨小者之戇，而有危亡之敗也。』

孔子讀《易》，至於《損》《益》，喟然而嘆。子夏避席問曰：『夫子何嘆焉？』孔子曰：『夫自損者必有益之，自益者必有決之，吾是以嘆也。』子夏曰：『然則學者不可以益乎？』子曰：『非道益之謂也。道彌益而身彌損。夫學者損其自多，以虚受人，故能成其滿。博哉！天道成而必變。凡持滿而能久者，未嘗有也。故曰：「自賢者，天下之善言不得聞於耳矣。」昔堯治天下之位，猶允恭以持之，克讓以接下，是以千歲而益盛，迄今而逾彰。夏桀、昆吾，自滿而無極，亢意而不節，斬刈黎民如草芥焉。天下討之如誅匹夫。是以千載而惡著，迄今而不滅。觀此，如行則讓長，不疾先；如在輿，遇三人則下之，遇二人則式之。調其盈虛，不令自滿，所以能久也。』子夏曰：『商請志之，而終身奉行焉。』

子路問於孔子曰：『請釋古之道而行由之意，可乎？』子曰：『不可。昔東夷之子，慕諸夏之禮，有女而寡，爲內私婿，終身不嫁。不嫁則不嫁矣，亦非貞節之義也。蒼梧嬈娶妻而美，讓與其兄。讓則讓矣，然非禮之讓矣。不慎其初，而悔其後，何嗟及矣。今汝欲舍古之道，行子之意，庸知子意不以是爲非，以非爲是乎？後雖欲悔，難哉！』

曾子耘瓜，誤斬其根。曾晳怒，建大杖以擊其背。曾子仆地而不知人久之。有頃，乃蘇，欣然而起，進於曾晳曰：『嚮也，參得罪於大人，大人用力教參，得無疾乎？』退而就房，援琴而歌，欲令曾晳而聞之，知其體康也。孔子聞之而怒，告門弟子曰：『參來，勿内。』曾參自以爲無罪，使人請於孔子。子曰：『汝不聞乎，昔瞽瞍有子曰舜。舜之事瞽瞍，欲使之，未嘗不在於側；索而殺之，未嘗可得。小棰則待過，大杖則逃走。故瞽瞍不犯不父之罪，而舜不失烝烝之孝。今參事父，委身以待暴怒，殪而不避。既身死而陷父於不義，其不孝孰大焉？汝非天子之民也，殺天子之民，其罪奚若？』曾參聞之，曰：『參罪大矣。』遂造孔子而謝過。

荆公子行年十五而攝荆相事。孔子聞之，使人往觀其爲政焉。使者反，曰：『視其朝，清净而少事，其堂上有五老焉，其廊下有二十壯士焉。』

孔子曰：『合二十五人之智，以治天下，其固免矣，況荆乎？』

子夏問於孔子曰：『顔回之爲人奚若？』子曰：『回之信賢於丘。』曰：『子貢之爲人奚若？』子曰：『賜之敏賢於丘。』曰：『子路之爲人奚若？』子曰：『由之勇賢於丘。』曰：『子張之爲人奚若？』子曰：『師之莊賢於丘』。子夏避席而問曰：『然則四子何爲事先生？』子曰：『居，吾語汝。夫回能信而不能反，賜能敏而不能詘，由能勇而不能怯，師能莊而不能同。兼四子者之有以易吾，弗與也。此其所以事吾而弗貳也。』

孔子遊於泰山，見榮聲期行乎郕之野，鹿裘帶索，鼓瑟而歌。孔子問曰：『先生所以爲樂者，何也？』期對曰：『吾樂甚多，而至者三。天生萬物，唯人爲貴。吾既得爲人，是一樂也。男女之别，男尊女卑，故人以男爲貴。吾既得爲男，是二樂也。人生有不見日月，不免繈褓者。吾既以行年九十五矣，是三樂也。貧者，士之常；死者，人之終。處常得終，當何憂哉！』孔子曰：『善哉！能自寬者也。』

孔子曰：『回有君子之道四焉：强於行義，弱於受諫，怵於待禄，慎於治身。史鰌有君子之道三焉：不仕而敬上，不祀而敬鬼，直己而曲人。』

曾子侍，曰：『參昔常聞夫子三言，而未之能行也。夫子見人之一善而忘其百非，是夫子之易事也。見人之有善，若己有之，是夫子之不争也。聞善必躬行之，然後導之，是夫子之能勞也。學夫子之三言而未能行，以自知終不及二子者也。』

孔子曰：『吾死之後，則商也日益，賜也日損。』曾子曰：『何謂也？』子曰：『商也好與賢己者處，賜也好説不若己者。不知其子，視其父；不知其人，視其友；不知其君，視其所使；不知其地，視其草木。故曰：與善人居，如入芝蘭之室，久而不聞其香，即與之化矣；與不善人居，如入鮑魚之肆，久而不聞其臭，亦與之化矣。丹之所藏者赤，漆之所藏者黑。是以君子必慎其所與處者焉。』

曾子從孔子之齊，齊景公以下卿之禮聘曾子。曾子固辭，將行，晏子送之，曰：『吾聞之，君子遺人以財，不若善言。今夫蘭本三年，湛之以鹿酺，既成，噉之，則易之匹馬。非蘭之本性也，所以湛者美矣。願子詳其所湛者。夫君子居必擇處，遊必擇方，仕必擇君。擇君所以求仕，擇方所以修道。遷風移俗者，嗜欲移性，可不慎乎？』孔子聞之，曰：『晏子之言，君子哉！依賢者固不困，依富者固不窮。馬蚿斬足而復行，何也？以其輔之者衆。』

孔子曰：『以富貴而下人，何人不尊？以富貴而愛人，何人不親？發言不逆，可謂知言矣；言而衆嚮之，可謂知時矣。是故以富而能富人者，欲貧不可得也；以貴而能貴人者，欲賤不可得也；以達而能達人者，欲窮不可得也。』

孔子曰：『中人之情也，有餘則侈，不足則儉，無禁則淫，無度則逸，從欲則敗。是故鞭撲之子，不從父之教；刑戮之民，不從君之令。此言疾之難忍，急之難行也。故君子不急斷，不急制，使飲食有量，衣服有節，宮室有度，畜積有數，車器有限，所以防亂之原也。夫度量不可不明，是中人所由之令。』

孔子曰：『巧而好度必攻，勇而好問必勝，智而好謀必成。以愚者反之。是以非其人，告之弗聽；非其地，樹之弗生。得其人，如聚砂而雨之；非其人，如會聾而鼓之。夫處重擅寵，專事妒賢，愚者之情也。位高則危，任重則崩，可立而待。』

孔子曰：『舟非水不行，水入舟則没；君非民不治，民犯上則傾。是故君子不可不嚴也，小人不可不整一也。』

齊高庭問於孔子曰：『庭不曠山，不直地，衣穰而提贄，精氣以問事君子之道，願夫子告之。』孔子曰：『貞以幹之，敬以輔之，施仁無倦。見君子則舉之，見小人則退之，去汝惡心，而忠與之，效其行，修其禮，千里之外，親如兄弟。行不效，禮不修，則對門不汝通矣。夫終日言，不遺己之憂；終日行，不遺己之患。唯智者能之。故自修者，必恐懼以除患，恭儉以避難者也。終身爲善，一言則敗之，可不慎乎！』

辯物第十六

季桓子穿井，獲如玉缶，其中有羊焉。使使問孔子曰：『吾穿井於費，而於井中得一狗，何也？』孔子曰：『丘之所聞者，羊也。丘聞之，木石之怪，夔、蝄蜽；水之怪，龍、罔象；土之怪，羵羊也。』

吴伐越，隳會稽，獲巨骨一節，專車焉。吴子使來聘於魯，且問之孔子，命使者曰：『無以吾命也。』賓既將事，乃發幣於大夫，及孔子，孔子爵之。既徹俎而燕，客執骨而問曰：『敢問骨何如爲大？』孔子曰：『丘聞之，昔禹致群臣於會稽之山，防風後至，禹殺而戮之，其骨專車焉。此爲大矣。』客曰：『敢問誰守爲神？』孔子曰：『山川之靈，足以紀綱天下者，其守爲神。諸侯，社稷之守爲公侯，山川之祀者爲諸侯，皆屬於王。』客曰：『防風何守？』孔子曰：『汪芒氏之君，守封嵎山者，爲漆姓，在虞夏商爲汪芒氏，於周爲長翟氏，今曰大人。』有客曰：『人長之極幾何？』

孔子曰：『焦僥氏長三尺，短之至也。長者不過十，數之極也。』

孔子在陳，陳惠公賓之於上館。時有隼集陳侯之庭而死，楛矢貫之，石砮，其長尺有咫。惠公使人持隼，如孔子館而問焉。孔子曰：『隼之來遠矣，此肅慎氏之矢。昔武王克商，通道於九夷百蠻，使各以其方賄來貢，而無忘職業。於是肅慎氏貢楛矢、石砮，其長尺有咫。先王欲昭其令德之致遠物也，以示後人，使永鑒焉，故銘其栝曰「肅慎氏貢楛矢」，以分大姬，配胡公，而封諸陳。古者分同姓以珍玉，所以展親親也；分異姓以遠方之職貢，所以無忘服也。故分陳以肅慎氏貢焉。君若使有司求諸故府，其可得也。』公使人求，得之金牘，如之。

郯子朝魯，魯人問曰：『少昊氏以鳥名官，何也？』對曰：『吾祖也，我知之。昔黄帝以雲紀官，故爲雲師而雲名。炎帝以火，共工以水，大昊以龍，其義一也。我高祖少昊摯之立也，鳳鳥適至，是以紀之於鳥，故爲鳥師而鳥名。自顓頊以來，不能紀遠，乃紀於近。爲民師而命以民事，則不能故也。』孔子聞之，遂見郯子而學焉。既而告人曰：『吾聞之：天子失官，學在四夷。猶信。』

邾隱公朝於魯，子貢觀焉。邾子執玉高，其容仰。定公受玉卑，其容俯。子貢曰：『以禮觀之，二君者將有死亡焉。夫禮，生死存亡之體，將左右周旋，進退俯仰，於是乎取之。朝祀喪戎，於是乎觀之。今正月相朝，而皆不度，心以亡矣。嘉事不體，何以能久？高、仰，驕；卑、俯，替。驕近亂，替近疾。君爲主，其先亡乎？』夏五月，公薨，又邾子出奔。孔子曰：『賜不幸而言中，是賜多言。』

孔子在陳，陳侯就之燕遊焉。行路之人云：『魯司鐸災，及宗廟。』以告孔子。子曰：『所及者，其桓、僖之廟。』陳侯曰：『何以知之？』子曰：『禮，祖有功而宗有德，故不毀其廟焉。今桓、僖之親盡矣，又功德不足以存其廟。而魯不毀，是以天災加之。』三日，魯使至，問焉，則桓、僖也。陳侯謂子貢曰：『吾乃今知聖人之可貴。』對曰：『君之知之，可矣，未若專其道而行其化之善也。』

陽虎既奔齊，自齊奔晉，適趙氏。孔子聞之，謂子路曰：『趙氏其世有亂乎？』子路曰：『權不在焉，豈能爲亂。』孔子曰：『非汝所知。夫陽虎親富而不親仁，有寵於季孫，又將殺之，不尅而奔，求容於齊。齊人囚之，乃亡歸晉。是齊、魯二國已去其疾。趙簡子好利而多信，必溺其說而從其謀。禍敗所終，非一世可知也。』

季康子問於孔子曰：『今周十二月，夏之十月，而猶有螽，何也？』孔子對曰：『丘聞之，火伏而後蟄者畢。今火猶西流，司歷過也。』季康子曰：『所失者，幾月也？』孔子曰：『於夏十月，火既没矣。今火見，再失閏也。』

吴王夫差將與哀公見晉侯。子服景伯對使者曰：『王合諸侯，則伯率侯牧以見於王；伯合諸侯，則侯率子男以見於伯。今諸侯會，而君與寡君見晉君，則晉成爲伯也。且執事以伯召諸侯，而以侯終之，何利之有焉？』吴人乃止。既而悔之，遂囚景伯。伯謂太宰嚭曰：『魯將以十月上辛有事於上帝先王，季辛而畢。何也世有職焉，自襄已來未之改。若其不會，則祝宗將曰：「吴實然。」』嚭言於夫差，歸之。子貢聞之，見於孔子曰：『子服氏之子拙於説矣，以實獲囚，以詐得免。』孔子曰：『吴子爲夷德，可欺而不可以實，是聽者之蔽，非説者之拙也。』

叔孫氏之車士曰子鉏商，採薪於大野，獲麟焉，折其前左足，載以歸。叔孫以爲不祥，棄之於郭外。使人告孔子曰：『有麕而角者，何也？』孔子往觀之，曰：『麟也，胡爲來哉？胡爲來哉？』反袂拭面，涕泣沾衿。叔孫聞之，然後取之。子貢問曰：『夫子何泣爾？』孔子曰：『麟之至，爲明王也。出非其時而見害，吾是以傷焉。』

哀公問政第十七

哀公問政於孔子，孔子對曰：『文、武之政，布在方策。其人存，則其政舉；其人亡，則其政息。天道敏生，人道敏政，地道敏樹。夫政者，猶蒲盧也，待化以成，故爲政在於得人。取人以身，修道以仁。仁者，人也，親親爲大。義者，宜也，尊賢爲大。親親之殺，尊賢之等，禮所以生也。禮者，政之本也。是以君子不可以不修身。思修身，不可以不事親；思事親，不可以不知人；思知人，不可以不知天。天下之達道有五，其所以行之者三。曰君臣也，父子也，夫婦也，昆弟也，朋友也。五者，天下之達道。智、仁、勇三者，天下之達德也。所以行之者一也。或生而知之，或學而知之，或困而知之，及其知之，一也。或安而行之，或利而行之，或勉强而行之，及其成功，一也。』公曰：『子之言，美矣至矣。寡人實固，不足以成之也。』孔子曰：『好學近乎智，力行近乎仁，知耻近乎勇。知斯三者，則知所以修身。知所以修身，則知所以治人。知所以治人，則能成天下國家者矣。』公曰：『政其盡此而已乎？』孔子曰：『凡爲天下國家有九經，曰：修身也，尊賢也，親親也，敬大臣也，體群臣也，子庶民也，來百工也，柔遠人也，懷諸侯也。夫修身則道立，尊賢則不惑，親親則諸父兄弟不怨，敬大臣則不眩，體群臣則士之報禮重，子庶民則百姓勸，來百工則財用足，柔遠人則四方歸之，懷諸侯則天下畏之。』公曰：『爲之奈何？』孔子曰：『齋潔盛服，非禮不動，所以修身也；去讒遠色，賤財而貴德，所以尊賢也；爵其能，重其禄，同其好惡，所以篤親親也；官盛任使，所以敬大臣也；忠信重禄，所以勸士也；時使薄斂，所以子百姓也；日省月考，既廩稱事，所以來百工也；送往迎來，嘉善而矜不能，所以綏遠人也；繼絶世，舉廢邦，治亂持危，朝聘以時，厚往而薄來，所以懷諸侯也。治天下國家有九經，其所以行之者一也。凡事豫則立，不豫則廢。言前定則不跲，事前定則不困，行前定則不疚，道前定則不窮。在下位不獲於上，民弗可得而治矣。獲於上有道，不信於友，不獲於上矣；信於友有道，不順於親，不信於友矣；順於親有道，反諸身不誠，不順於親矣；誠身有道，不明於善，不誠於身矣。誠者，天之道也；誠之者，人之道也。夫誠，弗勉而中，不思而得，從容中道，聖人之所以體定也；誠之者，擇善而固執之者也。』公曰：『子之教寡人備矣。敢問行之所始。』孔子曰：『立愛自親始，教民睦也；立敬自長始，教民順也。教之慈睦，而民貴有親；教以敬，而民貴用命。民既孝於親，又順以聽命，措諸天下，無所不可。』公曰：『寡人既得聞此言也，懼不能果行而獲罪咎。』

宰我問於孔子曰：『吾聞鬼神之名，而不知所謂，敢問焉。』孔子曰：『人生有氣有魄。氣者，神之盛也；魄者，鬼之盛也。夫生必死，死必歸土，此謂鬼。魂氣歸天，此謂神。合鬼與神而享之，教之至也。骨肉弊於下，化爲野土，其氣發揚於上者，此神之著也。聖人因物之精，制爲之極，明命鬼神，以爲民之則，而猶以是爲未足也。故築爲宮室，設爲宗祧，春秋祭祀，以別親疏，教民反古復始，不敢忘其所由生也。衆人服自此，聽且速焉。教以二端，二端既立，報以二禮，建設朝事，燔燎羶薌，所以報氣也。薦黍稷，羞肺肝，加以鬱鬯，所以報魄也。此教民修本、反始、崇愛。上下用情，禮之至也。君子反古復始，不忘其所由生，是以致其敬，發其情，竭力從事，不敢不自盡也。此之謂大教。昔者，文王之祭也，事死如事生，思死而不欲生，忌日則必哀，稱諱則如見親，祀之忠也。思之深，如見親之所愛。祭欲見親顏色者，其唯文王與？《詩》云：「明發不寐，有懷二人。」則文王之謂與！祭之明月，明發不寐，有懷二人，敬而致之，又從而思之。祭之日，樂與哀半。饗之必樂，已至必哀，孝子之情也。文王爲能得之矣。』

孔子家語卷第五

顏回第十八

魯定公問於顏回曰：『子亦聞東野畢之善御乎？』對曰：『善則善矣。雖然，其馬將必佚。』定公色不悦，謂左右曰：『君子固有誣人也。』顏回退。後三日，牧來訴之曰：『東野畢之馬佚，兩驂曳，兩服入於廄。』公聞之，越席而起，促駕召顏回。回至，公曰：『前日寡人問吾子以東野畢之御，而子曰「善則善矣，其馬將佚」。不識吾子奚以知之？』顏回對曰：『以政知之。昔者，帝舜巧於使民，造父巧於使馬。舜不窮其民力，造父不窮其馬力，是以舜無佚民，造父無佚馬。今東野畢之御也，升馬執轡，銜體正矣；步驟馳騁，朝禮畢矣；歷險致遠，馬力盡矣。然而猶乃求馬不已。臣以此知之。』公曰：『善，誠若吾子之言也。吾子之言，其義大矣，願少進乎。』顔回曰：『臣聞之，鳥窮則啄，獸窮則攫，人窮則詐，馬窮則佚。自古及今，未有窮其下而能無危者也。』公悦，遂以告孔子。孔子對曰：『夫其所以爲顔回者，此之類也，豈足多哉。』

孔子在衛，昧旦晨興，顔回侍側，聞哭者之聲甚哀。子曰：『回，汝知此何所哭乎？』對曰：『回以此哭聲，非但爲死者而已，又有生離别者也。』子曰：『何以知之？』對曰：『回聞桓山之鳥，生四子焉，羽翼既成，將分於四海，其母悲鳴而送之，哀聲有似於此，謂其往而不返也。回竊以音類知之。』孔子使人問哭者，果曰：『父死家貧，賣子以葬，與子長決。』子曰：『回也，善於識音矣。』

顔回問於孔子曰：『成人之行若何？』子曰：『達於情性之理，通於物類之變，知幽明之故，睹遊氣之原。若此可謂成人矣。既能成人，而又加之以仁義禮樂，成人之行也。若乃窮神知禮，德之盛也。』

顔回問於孔子曰：『臧文仲、武仲孰賢？』孔子曰：『武仲賢哉！』顔回曰：『武仲世稱聖人，而身不免於罪，是智不足稱也；好言兵討，而挫鋭於邾，是智不足名也。夫文仲其身雖殁，而言不朽，惡有未賢？』孔子曰：『身殁言立，所以爲文仲也。然猶有不仁者三，不智者三，是則不及武仲也。』回曰：『可得聞乎？』孔子曰：『下展禽，置六關，妾織蒲，三不仁；設虛器，縱逆祀，祠海鳥，三不智。武仲在齊，齊將有禍，不受其田，以避其難，是智之難也。夫臧武仲之智，而不容於魯，抑有由焉。作而不順，施而不恕也夫。《夏書》曰：念兹在兹，順事恕施。』

顔回問君子。孔子曰：『愛近仁，度近智，爲己不重，爲人不輕，君子也夫。』回曰：『敢問其次。』子曰：『弗學而行，弗思而得。小子勉之。』

仲孫何忌問於顔回曰：『仁者一言而必有益於仁智，可得聞乎？』回曰：『一言而有益於智，莫如預；一言而有益於仁，莫如恕。夫知其所不可由，斯知所由矣。』

顔回問小人，孔子曰：『毁人之善以爲辯，狡訐懷詐以爲智，幸人之有過，耻學而羞不能，小人也。』

顔回問子路曰：『力猛於德而得其死者鮮矣，盍慎諸焉？』孔子謂顔回曰：『人莫不知此道之美，而莫之御也，莫之爲也。何居？爲聞者，盍日思也夫？』

顔回問於孔子曰：『小人之言，有同乎君子者，不可不察也。』孔子曰：『君子以行言，小人以舌言。故君子於爲義之上相疾也，退而相愛；

小人於爲亂之上相愛也，退而相惡。』

顏回問朋友之際如何，孔子曰：『君子之於朋友也，心必有非焉，而弗能謂「吾不知」，其仁人也。不忘久德，不思久怨，仁矣夫。』

叔孫武叔見於顏回，回曰：『賓之。』武叔多稱人之過，而己評論之，顏回曰：『固子之來辱也，宜有得於回焉。吾聞諸孔子曰：「言人之惡，非所以美己；言人之枉，非所以正己。」故君子攻其惡，無攻人惡。』

顏回謂子貢曰：『吾聞諸夫子：「身不用禮而望禮於人，身不用德而望德於人，亂也。」夫子之言，不可不思也。』

子路初見第十九

子路見孔子。子曰：『汝何好樂？』對曰：『好長劍。』孔子曰：『吾非此之問也，徒謂以子之所能，而加之以學問，豈可及乎？』子路曰：『學豈益也哉？』孔子曰：『夫人君而無諫臣則失正，士而無教友則失聽。御狂馬不釋策，操弓不反檠。木受繩則直，人受諫則聖。受學重問，孰不順哉？毁仁惡士，必近於刑。君子不可不學。』子路曰：『南山有竹，不揉自直，斬而用之，達於犀革。以此言之，何學之有？』孔子曰：『括而羽之，鏃而礪之，其入之不亦深乎？』子路再拜曰：『敬而受教。』

子路將行，辭於孔子。子曰：『贈汝以車乎？贈汝以言乎？』子路曰：『請以言。』孔子曰：『不强不達，不勞無功，不忠無親，不信無復，不恭失禮。慎此五者而矣。』子路曰：『由請終身奉之。敢問親交取親若何？言寡可行若何？長爲善士而無犯若何？』孔子曰：『汝所問，苞在五者中矣。親交取親，其忠也；言寡可行，其信乎；長爲善士而無犯，其禮也。』

孔子爲魯司寇，見季康子，康子不悦。孔子又見之，宰予進曰：『昔予也常聞諸夫子曰：「王公不我聘，則弗動。」今夫子之於司寇也日少，而屈節數矣，不可以已乎？』孔子曰：『然，魯國以衆相陵，以兵相暴之日久矣，而有司不治，則將亂也。其聘我者，孰大於是哉？』魯人聞之，曰：『聖人將治，何不先自遠刑罰。』自此之後，國無争者。孔子謂宰予曰：『違山十里，蟪蛄之聲，猶在於耳，故政事莫如應之。』

孔子兄子有孔蔑者，與宓子賤偕仕。孔子往過孔蔑，而問之曰：『自汝之仕，何得何亡？』對曰：『未有所得，而所亡者三。王事若龍，學焉得習，是學不得明也；俸禄少，饘粥不及親戚，是以骨肉益疏也。公事多急，不得吊死問疾，是朋友之道闕也。其所亡者三，即謂此也。』孔子不悦，往過子賤，問如孔蔑。對曰：『自來仕者，無所亡，其有所得者三。始誦之，今得而行之，是學益明也。俸禄所供，被及親戚，是骨肉益親也。雖有公事，而兼以吊死問疾，是朋友篤也。』孔子喟然謂子賤曰：『君子哉若人！魯無君子者，則子賤焉取此。』

孔子侍坐於哀公，賜之桃與黍焉。哀公曰：『請食。』孔子先食黍而後食桃，左右皆掩口而笑。公曰：『黍者所以雪桃，非爲食之也。』孔子對曰：『丘知之矣。然夫黍者，五穀之長，郊禮宗廟以爲上盛。菓屬有六，而桃爲下，祭祀不用，不登郊廟。丘聞之，君子以賤雪貴，不聞以貴雪賤。今以五穀之長雪菓之下者，是從上雪下。臣以爲妨於教，害於義，故不敢。』公曰：『善哉。』

子貢曰：『陳靈公宣淫於朝，泄治正諫，而殺之。是與比干諫而死同，可謂仁乎？』子曰：『比干於紂，親則諸父，官則少師，忠報之心，在於宗廟而已，固必以死争之，冀身死之後，紂將悔寤，其本志情在於仁者也。泄冶之於靈公，位在大夫，無骨肉之親，懷寵不去，仕於亂朝，以區區之一身，欲正一國之淫昏，死而无益，可謂狷矣。《詩》云「民之多辟，無自立辟」，其泄冶之謂乎。』

孔子相魯。齊人患其將霸，欲敗其政，乃選好女子八十人，衣以文飾而舞容璣，及文馬四十駟，以遺魯君。陳女樂、列文馬於魯城南高門外。季桓子微服往觀之再三，將受焉，告魯君爲周道遊觀。觀之終日，怠於政事。子路言於孔子曰：『夫子可以行矣。』孔子曰：『魯今且郊，若致膰於大夫，則是未廢其常，吾猶可以止也。』桓子既受女樂，君臣淫荒，三日不聽國政，郊又不致膰俎。孔子遂行，宿於郭屯。師已送，曰：『夫子非罪也。』孔子曰：『吾歌可乎？』歌曰：『彼婦人之口，可以出走；彼婦人之請，可以死敗。優哉游哉，聊以卒歲。』

澹臺子羽有君子之容，而行不勝其貌。宰我有文雅之辭，而智不充其辯。孔子曰：『里語云：「相馬以輿，相士以居，弗可廢矣。」以容取人，則失之子羽；以辭取人，則失之宰予。』

孔子曰：『君子以其所不能畏人，小人以其所不能不信人。故君子長人之才，小人抑人而取勝焉。』

孔蔑問行己之道。子曰：『知而弗爲，莫如勿知；親而弗信，莫如勿親。樂之方至，樂而勿驕；患之將至，思而勿憂。』孔蔑曰：『行己乎？』子曰：『攻其所不能，補其所不備。毋以其所不能疑人，毋以其所能驕人。終日言，無遺己之憂；終日行，不遺己患。唯智者有之。』

在厄第二十

楚昭王聘孔子，孔子往拜禮焉。路出于陳、蔡，陳、蔡大夫相與謀曰：『孔子聖賢，其所刺譏，皆中諸侯之病。若用於楚，則陳、蔡危矣。』遂使徒兵距孔子。孔子不得行，絶糧七日，外無所通，藜羹不充，從者皆病。孔子愈慷慨講誦，弦歌不衰。乃召子路而問焉，曰：『《詩》云：「匪兕匪虎，率彼曠野。」吾道非乎，奚爲至於此？』子路慍，作色而對曰：『君子無所困。意者夫子未仁與，人之弗吾信也？意者夫子未智與，人之弗吾行也？且由也昔者聞諸夫子：「爲善者，天報之以福，爲不善者，天報之以禍。」今夫子積德懷義，行之久矣，奚居之窮也？』子曰：『由未之識也，吾語汝：汝以仁者爲必信也，則伯夷、叔齊不餓死首陽；汝以爲智者爲必用也，則王子比干不見剖心；汝以忠者爲必報也，則關龍逢不見刑；

汝以諫者爲必聽也，則伍子胥不見殺。夫遇不遇者，時也；賢不肖者，才也。君子博學深謀而不遇時者衆矣，何獨丘哉！且芝蘭生於深林，不以無人而不芳。君子修道立德，不爲窮困而敗節。爲之者人也，生死者命也。是以晉重耳之有霸心，生於曹、衛；越王勾踐之有霸心，生於會稽。故居下而無憂者，則思不遠；處身而常逸者，則志不廣。庸知其終始乎？』子路出。召子貢，告如子路。子貢曰：『夫子之道至大，故天下莫能容夫子，夫子盍少貶焉？』子曰：『賜，良農能稼，不必能穡；良工能巧，不能爲順。君子能修其道，綱而紀之，不必其能容。今不修其道，而求其容。賜，爾志不廣矣，思不遠矣。』子貢出。顏回入，問亦如之。顏回曰：『夫子之道至大，天下莫能容，雖然，夫子推而行之，世不我用，有國者之醜也。夫子何病焉？不容，然後見君子。』孔子欣然嘆曰：『有是哉，顏氏之子。

使爾多財，吾爲爾宰。』

子路問於孔子曰：『君子亦有憂乎？』子曰：『無也。君子之修行也，其未得之，則樂其意；既得之，又樂其治。是以有終身之樂，無一日之憂。小人則不然，其未得也，患弗得之；既得之，又恐失之。是以有終身之憂，無一日之樂也。』

曾子弊衣而耕於魯，魯君聞之而致邑焉。曾子固辭不受。或曰：『非子之求，君自致之，奚固辭也？』曾子曰：『吾聞受人施者常畏人，與人者常驕人。縱君有賜，不我驕也，吾豈能勿畏乎？』孔子聞之曰：『參之言，足以全其節也。』

孔子厄於陳、蔡，從者七日不食。子貢以所齎貨，竊犯圍而出，告糴於野人，得米一石焉。顏回、仲由炊之於壤屋之下，有埃墨墮飯中，顏回取而食之。子貢自井望見之，不悦，以爲竊食也。入問孔子曰：『仁人廉士，窮改節乎？』孔子曰：『改節即何稱於仁廉哉？』子貢曰：『若回也，其不改節乎？』子曰：『然。』子貢以所飯告孔子。子曰：『吾信回之爲仁久矣，雖汝有云，弗以疑也，其或者必有故乎？汝止，吾將問之。』召顔回曰：『疇昔予夢見先人，豈或啓祐我哉？子炊而進飯，吾將進焉。』對曰：『向有埃墨墮飯中，欲置之，則不潔；欲棄之，則可惜。回即食之。不可祭也。』孔子曰：『然乎，吾亦食之。』顔回出，孔子顧謂二三子曰：『吾之信回也，非待今日也。』二三子由此乃服之。

入官第二十一

子張問入官於孔子，孔子曰：『安身取譽爲難。』子張曰：『爲之如何？』孔子曰：『已有善勿專，教不能勿怠，已過勿發，失言勿掎，不善勿遂，行事勿留，君子入官，有此六者，則身安譽至而政從矣。且夫忿數者，官獄所由生也；距諫者，慮之所以塞也；慢易者，禮之所以失也；怠惰者，時之所以後也；奢侈者，財之所以不足也；專獨者，事之所以不成也。君子入官，除此六者，則身安譽至而政從矣。故君子南面臨官，大域之中而公治之，精智而略行之，合是忠信，考是大倫，存是美惡，進是利而除是害，無求其報焉，而民之情可得也。夫臨之無抗民之惡，勝之無犯民之言，量之無佼民之辭，養之無擾於其時，愛之無寬於刑法。若此，則身安譽至而民得也。君子以臨官，所見則邇，故明不可蔽也；所求於邇，故不勞而得也。所以治者約，故不用衆而譽立。凡法象在內，故法不遠而源泉不竭，是以天下積而本不寡。短長得其量，人志治而不亂政。德貫乎心，藏乎志，形乎色，發乎聲。若此，而身安譽至，民咸自治矣。是故臨官不治則亂，亂生則争之者至，争之至，又於亂。明君必寬裕以容其民，慈愛優柔之，而民自得矣。行者，政之始也；説者，情之導也。善政行易而民不怨，言調説和則民不變。法在身則民象之，明在己則民顯之。若乃供己而不節，則財利之生者微矣；貪以不得，則善政必簡矣；苟以亂之，則善言必不聽也；詳以納之，則規諫日至。言之善者，在所日聞；行之善者，在所能爲故君上者，民之儀也；有司執政者，民之表也；邇臣便僻者，群僕之倫也。故儀不正，則民失，表不端，則百姓亂；邇臣便僻，則群臣汙矣。是以人主不可不敬乎三倫。君子修身反道，察里言而服之，則身安譽至，終始在焉。故夫女子必自擇絲麻，良工必自擇完材，賢君必自擇左右。勞於取人，佚於治事。君子欲譽，則必謹其左右。爲上者，譬如緣木焉，務高而畏下滋甚。六馬之乖離，必於四達之交衢。萬民之叛道，必於君上之失政。上者尊嚴而危，民者卑賤而神。愛之則存，惡之則亡。長民者必明此之要。故南面臨官，貴而不驕，富而能供，有本而能圖末，修事而能建業，久居而不滯，情近而暢乎遠，察一物而貫乎多，治一物而萬物不能亂者，以身本者也。君子蒞民，不可以不知民之性而達諸民之情。既知其性，又習其情，然後民乃從命矣。故世舉則民親之，政均則民無怨。故君子蒞民，不臨以高，不導以遠，不責民之所不爲，不强民之所不能。廓之以明王之功，不因其情，則民嚴而不迎；篤之以累年之業，不因其力，則民引而不從。若責民所不爲，强民所不能，則民疾，疾則僻矣。古者聖主冕而前旒，所以蔽明也；紘紞充耳，所以掩聰也。水至清則無魚，人至察則無徒。枉而直之，使自得之；優而柔之，使自求之；揆而度之，使自索之。民有小罪，必求其善，以赦其過；民有大罪，必原其故，以仁輔化；如有死罪，其使之生，則善也。是以上下親而不離，道化流而不蘊。故德者，政之始也。政不和，則民不從其教矣；不從教，則民不習；不習，則不可得而使也。君子欲言之見信也，莫善乎先虛其內；欲政之速行也，莫善乎以身先之；欲民之速服也，莫善乎以道御之。故雖服必强，自非忠信，則無可以取親於百姓者矣。内外不相應，則無可以取信於庶民者矣。此治民之至道矣，入官之大統矣。』子張既聞孔子斯言，遂退而記之。

困誓第二十二

子貢問於孔子曰：『賜倦於學，困於道矣，願息而事君，可乎？』孔子曰：『《詩》云：「温恭朝夕，執事有恪。」事君之難也，焉可息哉！』曰：『然則賜願息而事親。』孔子曰：『《詩》云：「孝子不匱，永錫爾類。」事親之難也，焉可以息哉！』曰：『然賜請願息於妻子。』孔子曰：『《詩》云：「刑于寡妻，至于兄弟，以御于家邦。」妻子之難也，焉可以息哉！』曰：『然賜願息於朋友。』孔子曰：『《詩》云：「朋友攸攝，攝以威儀。」朋友之難也，焉可以息哉！』曰：『然則賜願息於耕矣。』孔子曰：『《詩》云：「晝爾于茅，宵爾索綯，亟其乘屋，其始播百穀。」耕之難也，焉可以息哉！』曰：『然則賜將無所息者也？』孔子曰：『有焉。自望其廣，則睪如也；視其高，則填如也；察其從，則隔如也。此其所以息也矣。』子貢曰：『大哉乎死也，君子息焉，小人休焉，大哉乎死也！』

孔子自衛將入晉，至河，聞趙簡子殺竇犨鳴犢及舜華，乃臨河而嘆曰：『美哉水，洋洋乎！丘之不濟此，命也夫！』子貢趨而進曰：『敢問何謂也？』孔子曰：『竇犨鳴犢、舜華，晉之賢大夫也。趙簡子未得志之時，須此二人而後從政。及其已得志也，而殺之。丘聞之，刳胎殺夭，則麒麟不至其郊；竭澤而漁，則蛟龍不處其淵；覆巢破卵，則鳳凰不翔其邑，何則？君子違傷其類者也。鳥獸之於不義尚知避之，況於人乎？』遂還，息於鄒，作《槃操》以哀之。

子路問於孔子曰：『有人於此，夙興夜寐，耕芸樹藝，手足胼胝，以養其親。然而名不稱孝，何也？』孔子曰：『意者身不敬與？辭不順與？色不悦與？古人有言曰：「人與己與，不汝欺。」』『今盡力養親，而無三者之闕，何謂無孝之名乎？』孔子曰：『由，汝志之！吾語汝：雖有國士之力，而不能自舉其身，非力之少，勢不可矣。夫内行不修，身之罪也；行修而名不彰，友之罪也；行修而名自立。故君子入則篤行，出則交賢，何謂無孝名乎？』

孔子遭厄於陳、蔡之間，絶糧七日，弟子餒病。孔子弦歌，子路入見曰：『夫子之歌，禮乎？』孔子弗應，曲終而曰：『由，來！吾語汝：君子好樂，爲無驕也；小人好樂，爲無懾也。其誰之子，不我知而從我者乎？』子路悦，援戚而舞，三終而出。明日，免於厄。子貢執轡，曰：『二三子從夫子而遭此難也，其弗忘矣！』孔子曰：『善，惡何也？夫陳、蔡之間，丘之幸也。二三子從丘者，皆幸也。吾聞之，君不困不成王，烈士不困行不彰。庸知其非激憤厲志之始於是乎在？』

孔子之宋，匡人簡子以甲士圍之。子路怒，奮戟將與戰。孔子止之，曰：『惡有修仁義而不免世俗之惡者乎？夫《詩》《書》之不講，禮樂之不習，是丘之過也。若以述先王，好古法而爲咎者，則非丘之罪也，命也夫。由，歌，予和汝。』子路彈琴而歌，孔子和之。曲三終，匡人解甲而罷。

孔子曰：『不觀高崖，何以知顛墜之患；不臨深泉，何以知没溺之患；不觀巨海，何以知風波之患。失之者其不在此乎？士慎此三者，則無累於身矣。』

子貢問於孔子曰：『賜既爲人下矣，而未知爲人下之道，敢問之。』子曰：『爲人下者，其猶土乎？汨之之深則出泉，樹其壤，則百穀滋焉，草木植焉，禽獸育焉，生則出焉，死則入焉。多其功而不意，弘其志而無不容。爲人下者，以此也。』

孔子適鄭，與弟子相失，獨立東郭門外。或人謂子貢曰：『東門外有一人焉，其長九尺有六寸，河目隆顙，其頭似堯，其頸似皋繇，其肩似子產，然自腰已下，不及禹者三寸，纍然如喪家之狗。』子貢以告，孔子欣然而嘆曰：『形狀末也，如喪家之狗，然乎哉！然乎哉！』

孔子適衛，路出于蒲，會公叔氏以蒲叛衛，而止之。孔子弟子有公良儒者，爲人賢長，有勇力，以私車五乘從夫子行，喟然曰：『昔吾從夫子遇難于匡，又伐樹於宋。今遇困於此，命也夫！與其見夫子仍遇於難，寧我鬬死。』挺劍而合衆，將與之戰。蒲人懼，曰：『苟無適衛，吾則出子。』以盟孔子，而出之東門。孔子遂適衛。子貢曰：『盟可負乎？』孔子曰：『要我以盟，非義也。』衛侯聞孔子來，喜而於郊迎之。問伐蒲，對曰：『可哉。』公曰：『吾大夫以爲蒲者，衛之所以恃晉楚也，伐之，無乃不可乎？』孔子曰：『其男子有死之志，吾之所伐者，不過四五人矣。』公曰：『善。』卒不果伐。他日，靈公又與夫子語，見飛鴈過而仰視之，色不悅。孔子乃逝。

衛蘧伯玉賢而靈公不用，彌子瑕不肖，反任之。史魚驟諫而不從。史魚病將卒，命其子曰：『吾在衛朝，不能進蘧伯玉，退彌子瑕，是吾爲臣不能正君也。生而不能正君，則死無以成禮。我死，汝置屍牖下，於我畢矣。』其子從之。靈公弔焉，怪而問焉。其子以其父言告公。公愕然失容，曰：『是寡人之過也。』於是命之殯於客位，進蘧伯玉而用之，退彌子瑕而遠之。孔子聞之，曰：『古之列諫之者，死則已矣。未有若史魚死而屍諫，忠感其君者也，不可謂直乎？』

五帝德第二十三

宰我問於孔子曰：『昔者吾聞諸榮伊曰「黄帝三百年」，請問黄帝者人也？抑非人也？何以能至三百年乎？』孔子曰：『禹、湯、文、武、周公，不可勝以觀也，而上世黃帝之問，將謂先生難言之故乎？』宰我曰：『上世之傳，隱微之説，卒采之辯，闇忽之意，非君子之道者，則予之問也固矣。』孔子曰：『可也，吾略聞其説。黃帝者，少典之子，曰軒轅。生而神靈，弱而能言，幼齊睿莊，敦敏誠信，長聰明。治五氣，設五量，撫萬民，度四方。服牛乘馬，擾馴猛獸，以與炎帝戰于阪泉之野，三戰而後剋之。始垂衣裳，作爲黼黻。治民以順天地之紀，知幽明之故，達生死存亡之説。播時百穀，嘗味草木，仁厚及於鳥獸昆蟲。考日月星辰，勞耳目，勤心力，用水火財物以生民。民賴其利，百年而死；民畏其神，百年而亡；民用其教，百年而移。故曰「黃帝三百年」。』

宰我曰：『請問帝顓頊。』孔子曰：『五帝用説，三王有度，汝欲一日遍聞遠古之說，躁哉！予也。』宰我曰：『昔予也聞諸夫子曰「小子毋或宿」，故敢問。』孔子曰：『顓頊，黃帝之孫，昌意之子，曰高陽。淵而有謀，疏通以知遠，養財以任地，履時以象天，依鬼神而制義，治氣性以教衆，潔誠以祭祀，巡四海以寧民。北至幽陵，南暨交趾，西抵流沙，東極蟠木，動静之類，小大之物，日月所照，莫不底屬。』

宰我曰：『請問帝嚳』。孔子曰：『玄枵之孫，喬極之子，曰高辛。生而神異，自言其名。博施厚利，不於其身。聰以知遠，明以察微。仁以威，惠而信，以順天地之義。知民所急，修身而天下服，取地之財而節用焉，撫教萬民而誨利之，歷日月之生朔而迎送之，明鬼神而敬事之。其色也和，其德也重，其動也時，其服也哀。春夏秋冬，育護天下。日月所照，風雨所至，莫不從化。』

宰我曰：『請問帝堯。』孔子曰：『高辛氏之子，曰陶唐。其仁如天，其智如神。就之如日，望之如雲。富而不驕，貴而能降。伯夷典禮，夔、龍典樂，舜時而仕，趨視四時，務先民始之，流四凶而天下服。其言不忒，其德不回。四海之内，舟輿所及，莫不夷説。』

宰我曰：『請問帝舜。』孔子曰：『喬牛之孫，瞽瞍之子也，曰有虞。舜孝友聞於四方，陶漁事親。寬裕而温良，敦敏而知時，畏天而愛民，恤遠而親近。承受大命，依于二女。睿明智通，爲天下帝，命二十二臣，率堯舊職，恭己而已。天平地成，巡狩四海，五載一始。三十年在位，嗣帝五十載，陟方岳，死于蒼梧之野而葬焉。』

宰我曰：『請問禹。』孔子曰：『高陽之孫，鯀之子也，曰夏后。敏給克齊，其德不爽，其仁可親，其言可信。聲爲律，身爲度，亹亹穆穆，爲紀爲綱。其功爲百神之主，其惠爲民父母。左準繩，右規距，履四時，據四海。任皋繇、伯益，以贊其治，興六師以征不序，四極之民，莫敢不服。』孔子曰：『予！大者如天，小者如言，民悦至矣。予也非其人也。』宰我曰：『予也不足以戒敬承矣。』他日，宰我以語子貢，子貢以復孔子。子曰：『吾欲以顔狀取人也，則於滅明改之矣；吾欲以言辭取人也，則於宰我改之矣；吾欲以容貌取人也，則於子張改之矣。』宰我聞之，懼，弗敢見焉。

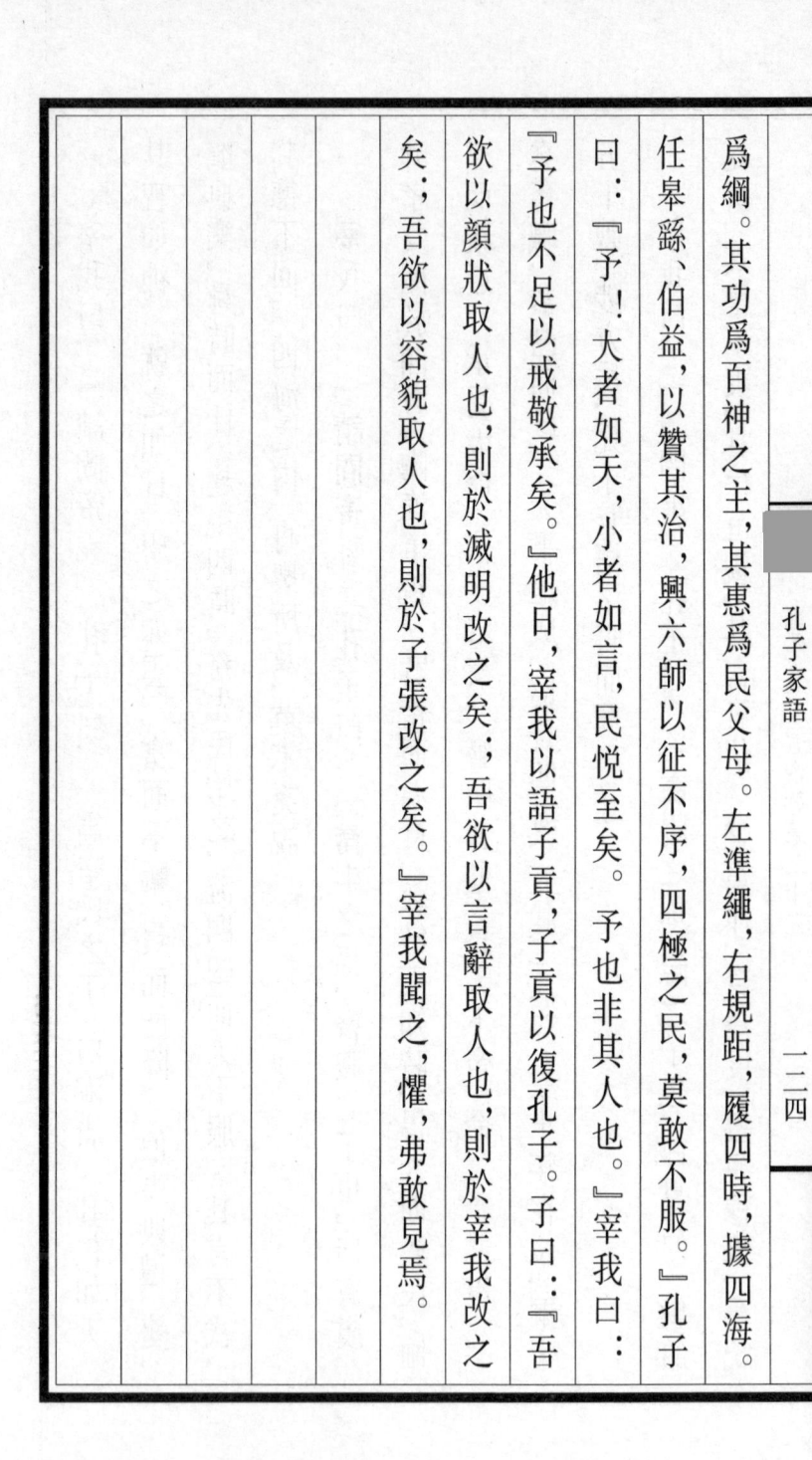

孔子家語卷第六

五帝第二十四

季康子問於孔子曰：『舊聞五帝之名，而不知其實，請問何謂五帝？』孔子曰：『昔丘也聞諸老聃曰：「天有五行，水火金木土，分時化育，以成萬物，其神謂之五帝。」古之王者，易代而改號，取法五行。五行更王，終始相生，亦象其義。故其爲明王者，而死配五行。是以太皞配木，炎帝配火，黄帝配土，少皞配金，顓頊配水。』康子曰：『太皞氏其始之木何如？』孔子曰：『五行用事，先起於木。木東方，萬物之初皆出焉。是故王者則之，而首以木德王天下，其次則以所生之行轉相承也』。康子曰：『吾聞句芒爲木正，祝融爲火正，蓐收爲金正，玄冥爲水正，后土爲土正，此則五行之主而不亂，稱曰帝者，何也？』孔子曰：『凡五正者，五行之官名。五行佐成上帝，而稱五帝。太皞之屬配焉，亦云帝，從其號。其少皞氏之子有四叔，曰重，曰該，曰修，曰熙，實能金木及水。使重爲句芒，該爲蓐收，修及熙爲玄冥。顓頊氏之子曰黎，爲祝融。共工氏之子曰句龍，爲后土。此五者，各以其所能業爲官職，生爲上公，死爲貴神，別稱五祀，不得同帝。』康子曰：『如此之言，帝王改號，於五行之德，各有所統，則其所以相變者，皆主何事？』孔子曰：『所尚則各從其所王之德次焉。夏后氏以金德王，色尚黑，大事斂用昏，戎事乘驪，牲用玄；殷人用水德王，色尚白，大事斂用日中，戎事乘翰，牲用白；周人以木德王，色尚赤，大事斂用日出，戎事乘騵，牲用騂。此三代之所以不同。』康子曰：『唐、虞二帝，其所尚者何色？』孔子曰：『堯以火德王，色尚黃。舜以土德王，色尚青。』康子曰：『陶唐、有虞、夏后、殷、周獨不配五帝，意者德不及上古耶？將有限乎？』孔子曰：『古之平治水土，及播殖百穀者衆矣，唯句龍氏兼食於社，而棄爲稷神，易代奉之，無敢益者，明不可與等。故自太皞以降，逮于顓頊，其應五行而王，數非徒五，而配五帝，是其德不可以多也。』

執轡第二十五

閔子騫爲費宰，問政於孔子。子曰：『以德以法。夫德法者，御民之具，猶御馬之有銜勒也。君者人也，吏者轡也，刑者策也。夫人君之政，執其轡策而已。』子騫曰：『敢問古之爲政。』孔子曰：『古者天子以内史爲左右手，以德法爲銜勒，以百官爲轡，以刑罰爲策，以萬民爲馬，故御天下數百年而不失。善御馬者，正銜勒，齊轡策，均馬力，和馬心，故口無聲而馬應轡，策不舉而極千里。善御民者，壹其德法，正其百官，以均齊民力，和安民心。故令不再而民順從，刑不用而天下治。是以天地德之，而兆民懷之。夫天地之所德，兆民之所懷，其政美，其民而衆稱之。今人言五帝三王者，其盛無偶，威察若存，其故何也？其法盛，其德厚，故思其德必稱其人，朝夕祝之，升聞於天。上帝俱歆，用永厥世而豐其年。不能御民者，棄其德法，專用刑辟。譬猶御馬，棄其銜勒而專用棰策，其不制也，可必矣。夫無銜勒而用棰策，馬必傷，車必敗；無德法而用刑，民必流，國必亡。治國而無德法，則民無修，民無修則迷惑失道。如此，上帝必以其爲亂天道也。苟亂天道，則刑罰暴，上下相諛，莫知念忠，俱無道故也。今人言惡者，必比之於桀紂，其故何也？其法不聽，其德不厚，故民惡其殘虐，莫不吁嗟，朝夕祝之，升聞于天。上帝不蠲，降之以禍罰，災害並生，用殄厥世。故曰德法者，御民之本。古之御天下者，以六官總治焉：塚宰之官以成道，司徒之官以成德，宗伯之官以成仁，司馬之官以成聖，司寇之官以成義，司空之官以成禮。六官在手以爲轡，司會均仁以爲納。故曰：御四馬者執六轡，御天下者正六官。是故善御馬者，正身以總轡，均馬力，齊馬心，回旋曲折，唯其所之。故可以取長道，可赴急疾。此聖人所以御天地與人事之法則也。天子以內史爲左右手，以六官爲轡，已而與三公爲執六官，均五教，齊五法。故亦唯其所引，無不如志。以之道，則國治；以之德，則國安；以之仁，則國和；以之聖，則國平；以之禮，則國定；以之義，則國義。此御政之術。過失，人之情莫不有焉。過而改之，是爲不過。故官屬不理，分職不明，法政不一，百事失紀，曰亂。

亂則飭冢宰。地而不殖，財物不蕃，萬民饑寒，教訓不行，風俗淫僻，人民流散，曰危。危則飭司徒。父子不親，長幼失序，君臣上下，乖離異志，曰不和。不和則飭宗伯。賢能而失官爵，功勞而失賞禄，士卒疾怨，兵弱不用，曰不平。不平則飭司馬。刑罰暴亂，奸邪不勝，曰不義。不義則飭司寇。度量不審，舉事失理，都鄙不修，財物失所，曰貧。貧則飭司空。故御者同是車馬，或以取千里，或不及數百里，其所謂進退緩急異也。夫治者同是官法，或以致平，或以致亂者，亦其所以爲進退緩急異也。古者，天子常以季冬考德正法，以觀治亂。德盛者治也，德薄者亂也。故天子考德，則天下之治亂，可坐廟堂之上而知之。夫德盛則法修，德不盛則飭法，與政咸德而不衰。故曰：王者又以孟春論吏之德及功能，能德法者爲有德，能行德法者爲有行，能成德法者爲有功，能治德法者爲有智。故天子論吏而德法行，事治而功成。夫季冬正法，孟春論吏，治國之要。』

子夏問於孔子曰：『商聞易之生人及萬物、鳥獸、昆蟲，各有奇偶，氣分不同。而凡人莫知其情，唯達德者能原其本焉。天一、地二、人三，三三如九。九九八十一，一主日，日數十，故人十月而生；八九七十二，偶以從奇，奇主辰，辰爲月，月主馬，故馬十二月而生；七九六十三，三主斗，斗主狗，故狗三月而生；六九五十四，四主時，時主豕，故豕四月而生；五九四十五，五爲音，音主猿，故猿五月而生；四九三十六，六爲律，律主鹿，故鹿六月而生；三九二十七，七主星，星主虎，故虎七月而生；二九一十八，八主風，風爲蟲，故蟲八月而生。其餘各從其類矣。鳥、魚生陰，而屬於陽，故皆卵生；魚遊於水，鳥遊於雲，故立冬則燕雀入海化爲蛤；蠶食而不飲，蟬飲而不食，蜉蝣不飲不食，萬物之所以不同。介鱗夏食而冬蟄，齕吞者八竅而卵生，齟齧咀嚼者九竅而胎生，四足者無羽翼，戴角者無上齒，無角無前齒者膏，無角無後齒者脂。晝生者類父，夜生者似母。是以至陰主牝，至陽主牡。敢問其然乎？』孔子曰：『然。吾昔聞老聃亦如汝之言。』子夏曰：『商聞《山書》曰：「地東西爲緯，南北爲經；山爲積德，川爲積刑；高者爲生，下者爲死；丘陵爲牡，溪谷爲牝；蚌蛤龜珠，與日月而盛虛。」是故堅土之人剛，弱土之人柔，墟土之人大，沙土之人細，息土之人美，秏土之人醜。食水者善遊而耐寒，食土者無心而不息，食木者多力而不治，食草者善走而愚，食桑者有緒而蛾，食肉者勇毅而捍，食氣者神明而壽，食穀者智惠而巧，不食者不死而神。故曰：羽蟲三百有六十，而鳳爲之長；毛蟲三百有六十，而麟爲之長；甲蟲三百有六十，而龜爲之長；鱗蟲三百有六十，而龍爲之長；倮蟲三百有六十，而人爲之長。此乾坤之美也，殊形異類之數。王者動必以道，靜必順理，以奉天地之性，而不害其所主，謂之仁聖焉。』子夏言終而出，子貢進曰：『商之論也何如？』孔子曰：『汝謂何也？』對曰：『微則微矣，然則非治世之待也。』孔子曰：『然，各其所能。』

本命解第二十六

魯哀公問於孔子曰：『人之命與性何謂也？』孔子對曰：『分於道，謂之命；形於一，謂之性；化於陰陽，象形而發，謂之生；化窮數盡，謂之死。故命者，性之始也；死者，生之終也。有始，則必有終矣。人始生而有不具者五焉：目無見，不能食，不能行，不能言，不能化。及生三月而微煦，然後有見；八月生齒，然後能食；三年顋合，然後能言；十有六而精通，然後能化。陰窮反陽，故陰以陽變；陽窮反陰，故陽以陰化。是以男子八月生齒，八歲而齔；女子七月生齒，七歲而齔，十有四而化。一陽一陰，奇偶相配，然後道合化成。性命之端，形於此也。』公曰：『男子十六精通，女子十四而化，是則可以生民矣。而禮，男子三十而有室，女子二十而有夫也，豈不晚哉？』孔子曰：『夫禮言其極，不是過也。男子二十而冠，有爲人父之端；女子十五許嫁，有適人之道。於此而往，則自婚矣。群生閉藏乎陰，而爲化育之始。故聖人因時以合偶男女，窮天數也。霜降而婦功成，嫁娶者行焉；冰泮而農桑起，婚禮而殺於此。男子者，任天道而長萬物者也。知可爲，知不可爲；知可言，知不可言；知可行，知不可行者。是故審其倫而明其別，謂之知，所以效匹夫之聽也。女子者，順男子之教而長其理者也。是故無專制之義，而有三從之道：幼從父兄，既嫁從夫，夫死從子。言無再醮之端，教令不出於閨門，事在供酒食而已。無閫外之非儀也，不越境而奔喪。事無擅爲，行無獨成，參知而後動，可驗而後言，晝不遊庭，夜行以火，所以效匹婦之德也。』孔子遂言曰：『女有五不取：逆家子者，亂家子者，世有刑人子者，有惡疾子者，喪父長子者。婦有七出、三不去。七出者：不順父母者，無子者，淫僻者，嫉妒者，惡疾者，多口舌者，竊盜者。三不去者：謂有所取無所歸，與共更三年之喪，先貧賤後富貴。凡此，聖人所以順男女之際，重婚姻之始也。』

孔子曰：『禮之所以象五行也，其義四時也，故喪禮有舉焉，有恩有義，有節有權。其恩厚者其服重，故爲父母斬衰三年，以恩制者也。門内之治恩掩義，門外之治義掩恩。資於事父以事君而敬同。尊尊貴貴，義之大也，故爲君亦服衰三年，以義制者也。三日而食，三月而沐，期練，毁不滅性，不以死傷生；喪不過三年，齊衰不補，墳墓不修；除服之日鼓素琴，示民有終也。凡此以節制者也。資於事父以事母而愛同，天無二日，國無二君，家無二尊，以治之。故父在爲母齊衰期者，見無二尊也。百官備，百物具，不言而事行者，扶而起；言而後事行者，杖而起；身自執事行者，面垢而已。此以權制者也。親始死，三日不怠，三月不懈，期悲號，三年憂，哀之殺也。聖人因殺以制節也。』

論禮第二十七

孔子閒居，子張、子貢、言游侍，論及於禮。孔子曰：『居！汝三人者，吾語汝，以禮周流，無不遍也。』子貢越席而對曰：『敢問如何？』子曰：『敬而不中禮，謂之野；恭而不中禮，謂之給；勇而不中禮，謂之逆。』子曰：『給奪慈仁。』子貢曰：『敢問將何以爲此中禮者？』子曰：『禮乎！夫禮，所以制中也。』子貢退。言游進曰：『敢問禮也，領惡而全好者與？』子曰：『然。』子貢問：『何也？』子曰：『郊社之禮，所以仁鬼神也；禘嘗之禮，所以仁昭穆也；饋奠之禮，所以仁死喪也；射饗之禮，所以仁鄉黨也；食饗之禮，所以仁賓客也。明乎郊社之義、禘嘗之禮，治國其如指諸掌而已。是故，居家有禮，故長幼辨；以之閨門有禮，故三族和；以之朝廷有禮，故官爵序；以之田獵有禮，故戎事閑；以之軍旅有禮，故武功成。是以宮室得其度，鼎俎得其象，物得其時，樂得其節，車得其軾，鬼神得其享，喪紀得其哀，辯説得其黨，百官得其禮，政事得其施。加於身而措於前，凡衆之動，得其宜也。』言游退。子張進曰：『敢問禮何謂也？』子曰：『禮者，即事之治也，君子有其事，必有其治。治國而無禮，譬猶瞽之無相，倀倀乎何所之？譬猶終夜有求於幽室之中，非燭何以見？故無禮則手足無所措，耳目無所加，進退揖讓無所制。是故，以其居處，長幼失其別，閨門三族失其和，朝廷官爵失其序，田獵戎事失其策，軍旅武功失其勢，宮室失其度，鼎俎失其象，物失其時，樂失其節，車失其軾，鬼神失其享，喪紀失其哀，辯説失其黨，百官失其體，政事失其施。加於身而措於前，凡衆之動失其宜。如此，則無以祖洽四海。』子曰：『慎聽之，汝三人者！吾語汝，禮猶有九焉，大饗有四焉。苟知此矣，雖在畎畝之中，事之，聖人矣。兩君相見，揖讓而入門，入門而懸興；揖讓而升堂，升堂而樂闋；下管《象》舞，《夏》籥序興；陳其薦俎，序其禮樂，備其百官。如此而後，君子知仁焉。行中規，旋中矩，鑾和中《采薺》，客出以《雍》，徹以《振羽》。是故，君子無物而不在於禮焉，入門而金作，示情也；升歌《清廟》，示德也；下管《象》舞，示事也。是故，古之君子，不必親相與言也，以禮樂相示而已。夫禮者，理也；樂者，節也。無禮不動，無節不作。不能《詩》，於禮謬；不能樂，於禮素；薄於德，於禮虛。』子貢作而問曰：『然則夔其窮與？』子曰：『古之人與？上古之人也，達於禮而不達於樂，謂之素；達於樂而不達於禮，謂之偏。夫夔達於樂而不達於禮，是以傳於此名也。古之人也。凡制度在禮，文爲在禮，行之其在人乎？』三子者，既得聞此論於夫子也，煥若發矇焉。

子夏侍坐於孔子，曰：『敢問《詩》云「愷悌君子，民之父母」，何如斯可謂民之父母？』孔子曰：『夫民之父母，必達於禮樂之源，以致五至而行三無，以橫於天下。四方有敗，必先知之。此之謂民之父母。』子夏曰：『敢問何謂五至？』孔子曰：『志之所至，《詩》亦至焉；詩之所至，禮亦至焉；禮之所至，樂亦至焉；樂之所至，哀亦至焉。詩禮相成，哀樂相生，是以正明目而視之，不可得而見；傾耳而聽之，不可得而聞。志氣塞于天地，行之充于四海。此之謂五至矣。』子夏曰：『敢問何謂三無？』孔子曰：『無聲之樂，無體之禮，無服之喪，此之謂三無。』子夏曰：『敢問三無，何詩近之？』孔子曰：『「夙夜基命宥密」，無聲之樂也；「威儀逮逮，不可選也」，無體之禮也；「凡民有喪，扶伏救之」，無服之喪也。』子夏曰：『言則美矣大矣！言盡於此而已乎？』孔子曰：『何謂其然？吾語汝，其義猶有五起焉。』

子夏曰：『何如？』孔子曰：『無聲之樂，氣志不違；無體之禮，威儀遲遲；無服之喪，内恕孔悲；無聲之樂，所願必從；無體之禮，上下和同；無服之喪，施及萬邦。既然，而又奉之以三無私而勞天下，此之謂五起。』子夏曰：『何謂三無私？』孔子曰：『天無私覆，地無私載，日月無私照。其在《詩》曰：「帝命不違，至于湯齊。湯降不遲，聖敬日躋。昭假遲遲，上帝是祗，帝命式于九圍。」是湯之德也。』子夏蹶然而起，負牆而立，曰：『弟子敢不志之。』

孔子家語卷第七

觀鄉射第二十八

孔子觀於鄉射，喟然嘆曰：『射之以禮樂也，何以射？何以聽？循聲而發，而不失正鵠者，其唯賢者乎？若夫不肖之人，則將安能以求飲？《詩》云：「發彼有的，以祈爾爵。」祈，求也。求所中，以辭爵。酒者，所以養老，所以養病也。求中以辭爵，辭其養也。是故士使之射而弗能，則辭以病，懸弧之義。』於是退而與門人習射於矍相之圃，蓋觀者如墻堵焉。試射至於司馬，使子路執弓矢，出列延，謂射之者曰：『奔軍之將，亡國之大夫，與爲人後者，不得入，其餘皆入。』蓋去者半。又使公罔之裘、序點揚觶而語曰：『幼壯孝悌，耆老好禮，不從流俗，修身以俟死者，在此位。』

蓋去者半。序點又揚觶而語曰：『好學不倦，好禮不變，耄期稱道而不亂者，則在此位。』蓋僅有存焉。射既闋，子路進曰：『由與二三子者之爲司馬，何如？』孔子曰：『能用命矣。』

孔子曰：『吾觀於鄉，而知王道之易易也。主人親速賓及介，而衆賓從之，至於正門之外，主人拜賓及介，而衆賓自入，貴賤之義別矣。三揖至於階，三讓，以賓升。拜至，獻，酬，辭讓之節繁。及介升，則省矣。至于衆賓，升而受爵，坐祭，立飲，不酢而降，隆殺之義辯矣。工入，升歌三終，主人獻賓。笙入三終，主人又獻之。間歌三終，合樂三闋，工告樂備而遂出。一人揚觶，乃立司正。焉知其能和樂而不流也。賓酬主人，主人酬介，介酬衆賓，賓少長以齒，終於沃洗者。焉知其能弟長而無遺矣。降，脱屨，升坐，修爵無算。飲酒之節，旰不廢朝，暮不廢夕。賓出，主人拜送，節文終遂。焉知其能安燕而不亂也。貴賤既明，降殺既辯，和樂而不流，弟長而無遺，安燕而不亂。此五者，足以正身安國矣，彼國安而天下安矣。故曰：吾觀於鄉，而知王道之易易也。』

子貢觀於蜡。孔子曰：『賜也，樂乎？』對曰：『一國之人皆若狂，賜未知其爲樂也。』孔子曰：『百日之勞，一日之樂，一日之澤，非爾所知也。張而不弛，文武弗能；弛而不張，文武弗爲。一張一弛，文武之道也。』

郊問第二十九

定公問於孔子曰：『古之帝王，必郊祀其祖以配天，何也？』孔子對曰：『萬物本於天，人本乎祖。效之祭也，大報本反始也，故以配上帝。天垂象，聖人則之，郊所以明天道也。』公曰：『寡人聞郊而莫同，何也？』

孔子曰：『郊之祭也，迎長日之至也。大報天而主日，配以月，故周之始郊，其月以日至，其日用上辛；至於啓蟄之月，則又祈穀于上帝。此二者，天子之禮也。魯無冬至大郊之事，降殺於天子，是以不同也。』公曰：『其言郊，何也？』孔子曰：『兆丘於南，所以就陽位也，於郊，故謂之郊焉。』曰：『其牲器何如？』孔子曰：『上帝之牛角繭栗，必在滌三月，后稷之牛唯具，所以別事天神與人鬼也。牲用騂，尚赤也；用犢，貴誠也。掃地而祭，貴其質也。器用陶匏，以象天地之性也。萬物無可稱之者，故因其自然之體也。』公曰：『天子之郊，其禮儀可得聞乎？』孔子對曰：『臣聞天子卜郊，則受命于祖廟，而作龜于禰宮，尊祖親考之義也。卜之日，王親立于澤宮，以聽誓命，受教諫之義也。既卜，獻命庫門之内，所以誡百官也。將郊，則天子皮弁以聽報，示民嚴上也。郊之日，喪者不敢哭，凶服者不敢入國門，汜埽清路，行者必止，弗命而民聽，敬之至也。天子大裘以黼之，被衮象天，乘素車，貴其質也。旂十有二旒，龍章而設以日月，所以法天也。既至泰壇，王脱裘矣，服衮以臨燔柴，戴冕，璪十有二旒，則天數也。臣聞之，誦《詩》三百，不足以一獻；一獻之禮，不足以大饗；大饗之禮，不足以大旅；大旅具矣，不足以饗帝。是以君子無敢輕議於禮者也。』

五刑解第三十

冉有問於孔子曰：『古者三皇五帝不用五刑，信乎？』孔子曰：『聖人之設防，貴其不犯也；制五刑而不用，所以爲至治也。凡民之爲奸邪、竊盜、靡法、妄行者，生於不足。不足生於無度。無度則小者偷盜，大者侈靡，各不知節。是以上有制度，則民知所止，民知所止則不犯。故雖有奸邪、賊盗、靡法、妄行之獄，而無陷刑之民。不孝者，生於不仁。不仁者，生於喪祭之無禮也。明喪祭之禮，所以教仁愛也。能教仁愛，則服喪思慕，祭祀不解，人子饋養之道。喪祭之禮明，則民孝矣。故雖有不孝之獄，而無陷刑之民。殺上者，生於不義。義，所以別貴賤、明尊卑也。貴賤有別、尊卑有序，則民莫不尊上而敬長。朝聘之禮者，所以明義也。義必明，則民不犯。故雖有殺上之獄，而無陷刑之民。鬭變者，生於相陵。相陵者，生於長幼無序而遺敬讓。鄉飲酒之禮者，所以明長幼之序，而崇敬讓也。長幼必序，民懷敬讓，故雖有鬭變之獄，而無陷刑之民。淫亂者，生於男女無別。男女無別，則夫婦失義。禮聘享者，所以別男女，明夫婦之義也。男女既別，夫婦既明，故雖有淫亂之獄，而無陷刑之民。此五者，刑罰之所以生，各有源焉。不豫塞其源，而輒繩之以刑，是謂爲民設阱而陷之。刑罰之源，生於嗜欲不節。夫禮度者，所以禦民之嗜慾而明好惡。順天之道。禮度既陳，五教畢修，而民猶或未化，尚必明其法典，以申固之。其犯奸邪、靡法、妄行之獄者，則飭制量之度；有犯不孝之獄者，則飭喪祭之禮；有犯殺上之獄者，則飭朝覲之禮；有犯鬭變之獄者，則飭鄉飲酒之禮；有犯淫亂之獄者，則飭婚聘之禮。三皇五帝之所化民者如此，雖有五刑之用，不亦可乎。』孔子曰：『大罪有五，而殺人爲下。逆天地者罪及五世，誣文武者罪及四世，逆人倫者罪及三世，謀鬼神者罪及二世，手殺人者罪及其身。故曰大罪有五，而殺人爲下矣。』

冉有問於孔子曰：『先王制法，使刑不上於大夫，禮不下於庶人。然則大夫犯罪，不可以加刑；庶人之行事，不可以治於禮乎？』孔子曰：

『不然。凡治君子，以禮御其心，所以屬之以廉耻之節也。故古之大夫，其有坐不廉汙穢而退放之者，不謂之不廉汙穢而退放，則曰「簠簋不飭」；有坐淫亂男女無別者，不謂之淫亂男女無別，則曰「帷幕不修」也；有坐罔上不忠者，不謂之罔上不忠，則曰「臣節未著」；有坐罷軟不勝任者，不謂之罷軟不勝任，則曰「下官不職」；有坐干國之紀者，不謂之干國之紀，則曰「行事不請」。此五者，大夫既自定有罪名矣，而猶不忍斥然正以呼之也。既而爲之諱，所以愧耻之。是故大夫之罪，其在五刑之域者，聞而譴發，則白冠氂纓，盤水加劍，造乎闕而自請罪，君不使有司執縛牽掣而加之也；其有大罪者，聞命則北面再拜，跪而自裁，君不使人捽引而刑殺之也，曰：「子大夫自取之耳，吾遇子有禮矣。」以刑不上大夫，而大夫亦不失其罪者，教使然也。所謂禮不下庶人者，以庶人遽其事而不能充禮，故不責之以備禮也。』冉有跪然免席，曰：『言則美矣！求未之聞。』退而記之。

刑政第三十一

仲弓問於孔子曰：『雍聞至刑無所用政，至政無所用刑。至刑無所用政，桀、紂之世是也；至政無所用刑，成、康之世是也。信乎？』孔子曰：『聖人之治化也，必刑政相參焉。太上以德教民，而以禮齊之；其次以政焉導民，以刑禁之，刑不刑也。化之弗變，導之弗從，傷義以敗俗，於是乎用刑矣。顓五刑必即天倫。行刑罰則輕無赦。刑，侀也；侀，成也。壹成而不可更，故君子盡心焉。』仲弓曰：『古之聽訟，尤罰麗於事，不以其心。可得聞乎？』孔子曰：『凡聽五刑之訟，必原父子之情，立君臣之義，以權之；意論輕重之序，慎測淺深之量，以別之；悉其聰明，正其忠愛，以盡之。大司寇正刑明辟以察獄，獄必三訊焉。有指無簡，則不聽也；附從輕，赦從重；疑獄則泛與衆共之，疑則赦之，皆以小大之比成之。是故爵人必於朝，與衆共之也；刑人必於市，與衆棄之也。古者公家不畜刑人，大夫弗養也，士遇之塗，以弗與之言，屏諸四方，唯其所之，不及與政，弗欲生之也。』仲弓曰：『聽獄，獄之成，成何官？』孔子曰：『成獄成於吏，吏以獄成告於正。正既聽之，乃告大司寇。聽之，乃奉於王。王命三公卿士參聽棘木之下，然後乃以獄之成疑于王。王三宥之，以聽命而制刑焉，所以重之也。』仲弓曰：『其禁何禁？』孔子曰：『巧言破律，遁名改作，執左道與亂政者，殺；作淫聲，造異服，設伎奇器，以蕩上心者，殺；行僞而堅，言詐而辯，學非而博，順非而澤，以惑衆者，殺；假於鬼神、時日、卜筮，以疑衆者，殺。此四誅者不以聽。』仲弓曰：『其禁盡於此而已？』孔子曰：『此其急者，其餘禁者十有四焉：命服命車，不粥於市；珪璋璧琮，不粥於市；宗廟之器，不粥於市；兵車旍旗，不粥於市；犧牲秬鬯，不粥於市；戎器兵車，不粥於市；用器不中度，不粥於市；布帛精粗不中數，廣狹不中量，不粥於市；姦色亂正色，不粥於市；文錦珠玉之器，雕飾靡麗，不粥於市；衣服飲食，不粥於市；菓實不時，不粥於市；五木不中伐，不粥於市；鳥獸魚鼈不中殺，不粥於市。凡執此禁以齊衆者，不赦過也。』

禮運第三十二

孔子爲魯司寇，與於蜡。既賓事畢，乃出遊於觀之上，喟然而嘆。言偃侍，曰：『夫子何嘆也？』孔子曰：『昔大道之行，與三代之英，吾未之逮也，而有記焉。大道之行，天下爲公，選賢與能，講信修睦。故人不獨親其親，不獨子其子，老有所終，壯有所用，矜寡孤疾，皆有所養。貨惡其棄於地，不必藏於己；力惡其不出於身，不必爲人。是以姦謀閉而不興，盜竊亂賊不作，故外户而不閉。謂之大同。今大道既隱，天下爲家，各親其親，各子其子，貨則爲己，力則爲人，大人世及以爲常，城郭溝池以爲固。禹、湯、文、武、成王、周公由此而選，未有不謹於禮。禮之所興，與天地並。如有不由禮而在位者，則以爲殃。』言偃復問曰：『如此乎，禮之急也？』孔子曰：『夫禮，先王所以承天之道，以治人之情，列其鬼神，達於喪祭、鄉射、冠婚、朝聘。故聖人以禮示之，則天下國家可得以禮正矣。』言偃曰：『今之在位莫知由禮，何也？』孔子曰：『嗚呼，哀哉！我觀周道，幽、厲傷也。吾捨魯何適？夫魯之郊及禘皆非禮，周公其已衰矣。杞之郊也禹，宋之郊也契，是天子之事守也，天子以杞、宋二王之後。周公攝政致太平，而與天子同是禮也。諸侯祭社稷宗廟，上下皆奉其典，而祝嘏莫敢易其常法，是謂大嘉。今使祝嘏辭說，徒藏於宗祝巫史，非禮也，是謂幽國；醆斝及尸君，非禮也，是謂僭君；冕弁兵車，藏於私家，非禮也，是謂脅君；大夫具官，祭器不假，聲樂皆具，非禮也，是爲亂國；故仕於公曰臣，仕於家曰僕。三年之喪，與新有婚者，期不使也。以衰裳入朝，與家僕雜居齊齒，非禮也，是謂臣與君共國；天子有田以處其子孫，諸侯有國以處其子孫，大夫有采以處其子孫，是謂制度。天子適諸侯，必舍其宗廟，而不以禮籍入，是謂天子壞法亂紀；諸侯非問疾弔喪而入諸臣之家，是謂君臣爲謔；夫禮者，君之柄，所以別嫌明微，儐鬼神，考制度，列仁義，立政教，安君臣上下也。故政不正則君位危，君位危則大臣倍、小臣竊，刑肅而俗弊則法無常，法無常則禮無別，禮無別則士不仕、民不歸，是謂疵國。是故夫政者，君之所以藏身也，必本之天，效以降命。命，降於社之謂教地，降於祖廟之謂仁義，降於山川之謂興作，降於五祀之謂制度。此聖人所以藏身之固也。聖人參於天地，並於鬼神，以治政也。處其所存，禮之序也；玩其所樂，民之治也。天生時，地生財，人其父生而師教之。四者君以政用之，所以立於無過之地。君者人所則，非則人者也；人所養，非養人者也；人所事，非事人者也。夫君者，明人則有過，故養人則不足，事人則失位。故百姓明君以自治，養君以自安，事君以自顯，是以禮達而分定。人皆愛其死，而患其生，是故用人之智去其詐，用人之勇去其怒，用人之仁去其貪。國有患，君死社稷爲之義，大夫死宗廟爲之變。凡聖人能以天下爲一家，以中國爲一人，非意之，必知其情，從於其義，明於其利，達於其患，然後爲之。何謂人情？喜、怒、哀、懼、愛、惡、欲七者，弗學而能。何謂人義？父慈、子孝、兄良、弟悌、夫義、婦聽、長惠、幼順、君仁、臣忠十者，謂之人義。講信修睦，謂之人利。争奪相殺，謂之人患。聖人之所以治人七情，修十義，講信修睦，尚辭讓，去争奪，舍禮何以治之？飲食男女，人之大欲存焉；死亡貧苦，人之大惡存焉。欲、惡者，人之大端。人藏其心，不可測度，美、惡皆在其心，不見其色，欲一以窮之，舍禮何以哉？故人者，天地之德，陰陽之交，鬼神之會，五行之秀。天秉陽，垂日星；地秉陰，載於山川。播五行於四時，和四氣而後月生。是以三五而盈，三五而缺，五行之動，其相竭也。五行、四氣、十二月，還相爲本；五聲、六律、十二管，還相爲宫；五味、六和、十二食，還相爲質；五色、六章、十二衣，還相爲主。故人者，天地之心，而五行之端，食味、別聲、被色而生者。聖人作則，必以天地爲本，以陰陽爲端，以四時爲柄，以日星爲紀，月以爲量，鬼神以爲徒，五行以爲質，禮義以爲器，人情以爲田，四靈以爲畜。以天地爲本，故物可舉；以陰陽爲端，故情可睹；以四時爲柄，故事可勸；以日星爲紀，故業可別；月以爲量，故功有藝；鬼神以爲徒，故事有守；五行以爲質，故事可復也；禮義以爲器，故事行有考；人情以爲田，故人以爲奥也；四靈以爲畜，故飲食有由。何謂四靈？麟、鳳、龜、龍謂之四靈。故龍以爲畜，而魚鮪不諗；鳳以爲畜，而鳥不獝；麟以爲畜，而獸不獝；龜以爲畜，而人情不失。先王秉蓍龜，列祭祀，瘞繒，宣祝嘏辭說，設制度，故國有禮，官有御，事有職，禮有序。先王患禮之不達於下，故饗帝于郊，所以定天位也；祀社於國，所以列地利也；禘祖廟，所以本仁也；旅山川，所以儐鬼神也；祭五祀，所以本事也。故宗祝在廟，三公在朝，三老在學，王前巫而後史，卜著瞽侑，皆在左右，王中心無爲也，以守至正。是以禮行于郊，而百神受職；禮行於社，而百貨可極；禮行于祖廟，而孝慈服焉；禮行於五祀，而正法則焉。故郊社、宗廟、山川、五祀，義之修而禮之藏。夫禮必本於太一，分而爲天地，轉而爲陰陽，變而爲四時，列而爲鬼神。其降曰命，其官於天也，協於分藝。其居於人也曰養，所以講信修睦，而固人之肌膚之會、筋骸之束者；所以養生送死、事鬼神之大端；所以達天道、順人情之大竇。唯聖人爲知禮之不可以已也，故破國、喪家、亡人，必先去其禮。禮之於人，猶酒之有蘖也，君子以厚，小人以薄。聖人修義之柄、禮之序，以治人情。人情者，聖王之田也，修禮以耕之，陳義以種之，講學以耨之，本仁以聚之，播樂以安之。故禮者，義之實也，協諸義而協則禮，雖先王未有，可以義起焉。義者，藝之分，仁之節。協於義，講於仁，得之者强，失之者喪。仁者，義之本，順之體，得之者尊。故治國不以禮，猶無耜而耕；爲禮而不本於義，猶耕之而弗種；爲義而不講於學，猶種而弗耨；講之以學而不合之以仁，猶耨而不穫；合之以仁而不安之以樂，猶穫而弗食；安之以樂而不達於順，猶食而不肥。四體既正，膚革充盈，人之肥也；父子篤，兄弟睦，夫婦和，家之肥也；大臣法，小臣廉，官職相序，君臣相正，國之肥也；天子以德爲車，以樂爲御，諸侯以禮相與，大夫以法相序，士以信相考，百姓以睦相守，天下之肥也。是謂大順。順者，所以養生送死、事鬼神之常也。故事大積焉而不苑，並行而不謬，細行而不失。深而通，茂而有間，連而不相及，動而不相害，此順之至也。明於順，然後乃能守危。夫禮之不同，不豐不殺，所以持情而合危也。山者不使居川，渚者不使居原；用水、火、金、木，飲食必時；冬合男女，春頒爵位，必當年德，皆所順也，用民必順。故無水旱昆蟲之災，民無凶饑妖孽之疾。天不愛其道，地不愛其寶，人不愛其情，是以天降甘露，地出醴泉，山出器車，河出馬圖，鳳凰麒麟，皆在郊棷，龜龍在宮沼，其餘鳥獸及卵胎，皆可俯而窺也。則是無故，先王能循禮以達義，體信以達順。此順之實也。』

孔子家語卷第八

冠頌第三十三

邾隱公既即位，將冠，使大夫因孟懿子問禮於孔子。子曰：『其禮如世子之冠。冠於阼者，以著代也，醮於客位，加其有成，三加彌尊，導喻其志。冠而字之，敬其名也。雖天子之元子，猶士也，其禮無變，天下無生而貴者故也。行冠事必於祖廟，以祼享之禮以將之，以金石之樂以節之。所以自卑而尊先祖，示不敢擅。』懿子曰：『天子未冠即位，長亦冠也？』孔子曰：『古者王世子雖幼，其即位則尊爲人君。人君，治成人之事者，何冠之有？』懿子曰：『然則諸侯之冠異天子與？』孔子曰：『君薨而世子主喪，是亦冠也已。人君無所殊也。』懿子曰：『今邾君之冠非禮也？』

孔子曰：『諸侯之有冠禮也，夏之末造也，有自來矣，今無譏焉。天子冠者，武王崩，成王年十有三而嗣立。周公居冢宰，攝政以治天下。明年夏六月，既葬，冠成王而朝于祖，以見諸侯，示有君也。周公命祝雍作頌曰：「祝王達而未幼。」祝雍辭曰：「使王近於民，遠於年，嗇於時，惠於財，親賢而任能。」其頌曰：「令月吉日，王始加元服。去王幼志，服衮職，欽若昊命，六合是式。率爾祖考，永永無極。」此周公之制也。』懿子曰：『諸侯之冠，其所以爲賓主，何也？』孔子曰：『公冠則以卿爲賓，無介，公自爲主，迎賓揖，升自阼，立于席北。其醴也，則如士，饗之以三獻之禮。既醴，降自阼階。諸侯非公而自爲主者，其所以異，皆降自西階，玄端與皮弁異。朝服素畢，公冠四，加玄冕祭。其酬幣于賓，則束帛乘馬。王太子、庶子之冠擬焉，皆天子自爲主，其禮與士無變，饗食賓也皆同。』懿子曰：

『始冠必加緇布之冠，何也？』孔子曰：『示不忘古。太古冠布，齋則緇之，其緌也，吾未之聞。今則冠而幣之可也。』懿子曰：『三王之冠，其異何也？』孔子曰：『周弁，殷冔，夏收，一也。三王共皮弁素緌。委貌，周道也；章甫，殷道也；毋追，夏后氏之道也。』

廟制第三十四

衛將軍文子將立先君之廟於其家，使子羔訪於孔子。子曰：『公廟設於私家，非古禮之所及，吾弗知。』子羔曰：『敢問尊卑上下立廟之制，可得而聞乎？』孔子曰：『天下有王，分地建國，設祖宗，乃爲親疏貴賤多少之數。是故天子立七廟，三昭三穆，與太祖之廟七。太祖近廟，皆月祭之。遠廟爲祧，有二祧焉，享嘗乃止。諸侯立五廟，二昭二穆，與太祖之廟而五，曰祖考廟，享嘗乃止。大夫立三廟，一昭一穆，與太廟而三，曰皇考廟，享嘗乃止。士立一廟，曰考廟。王考無廟，合而享嘗乃止。庶人無廟，四時祭於寢。此自有虞以至于周之所不變也。凡四代帝王之所謂郊者，皆以配天；其所謂禘者，皆五年大祭之所及也。應爲太祖者，則其廟不毀；不及太祖，雖在禘郊，其廟則毀矣。古者祖有功而宗有德，謂之祖宗者，其廟皆不毀。』

子羔問曰：『祭典云：「昔有虞氏祖顓頊而宗堯，夏后氏亦祖顓頊而宗禹，殷人祖契而宗湯，周人祖文王而宗武王。」此四祖四宗，或乃異代，或其考祖之有功德，其廟可也。若有虞宗堯，夏祖顓頊，皆異代之有功德者也，亦可以存其廟乎？』孔子曰：『善，如汝所聞也。如殷周之祖宗，其廟可以不毀，其他祖宗者，功德不殊，雖在殊代，亦可以無疑矣。《詩》云：

「蔽芾甘棠，勿翦勿伐」，「邵伯所憩」。周人之於邵公也，愛其人，猶敬其所舍之樹，況祖宗有功德而可以不尊奉其廟焉？』

辯樂解第三十五

孔子學琴於師襄子。襄子曰：『吾雖以擊磬爲官，然能於琴。今子於琴已習，可以益矣。』孔子曰：『丘未得其數也。』有間，曰：『已習其數，可以益矣。』孔子曰：『丘未得其志也。』有間，曰：『已習其志，可以益矣。』孔子曰：『丘未得其爲人也。』有間，孔子有所繆然思焉，有所睪然高望而遠眺，曰：『丘迨得其爲人矣。黮而黑，頎然長，曠如望羊，奄有四方，非文王其孰能爲此？』師襄子避席葉拱而對曰：『君子聖人也，其傳曰《文王操》。』

子路鼓琴，孔子聞之，謂冉有曰：『甚矣！由之不才也。夫先王之制音也，奏中聲以爲節，流入於南，不歸於北。夫南者，生育之鄉；北者，殺伐之域。故君子之音温柔居中，以養生育之氣。憂愁之感，不加于心也；暴厲之動，不在于體也。夫然者，乃所謂治安之風也。小人之音則不然，亢麗微末，以象殺伐之氣。中和之感，不載於心；温和之動，不存于體。夫然者，乃所以爲亂之風。昔者舜彈五弦之琴，造《南風》之詩。其詩曰：「南風之薰兮，可以解吾民之愠兮；南風之時兮，可以阜吾民之財兮。」唯修此化，故其興也勃焉，德如泉流，至于今，王公大人述而弗忘。殷紂好爲北鄙之聲，其廢也忽焉，至于今，王公大人舉以爲誡。夫舜起布衣，積德含和，而終以帝。紂爲天子，荒淫暴亂，而終以亡，非各所修之致乎？由，今也匹夫之徒，曾無意于先王之制，而習亡國之聲，豈能保其六七尺之體哉？』冉有以告子路，子路懼而自悔，靜思不食，以至骨立。夫子曰：『過而能改，其進矣乎！』

周賓牟賈侍坐於孔子。孔子與之言，及樂，曰：『夫《武》之備誡之以久，何也？』對曰：『病疾不得其衆。』『詠嘆之，淫液之，何也？』對曰：『恐不逮事。』『發揚蹈厲之已蚤，何也？』對曰：『及時事。』『《武》坐致右而軒左，何也？』對曰：『非《武》坐。』『聲淫及商，何也？』對曰：『非《武》音也。』孔子曰：『若非《武》音，則何音也？』對曰：『有司失其傳也。』孔子曰：『唯，丘聞諸萇弘，亦若吾子之言是也。若非有司失其傳，則武王之志荒矣。』賓牟賈起，免席而請曰：『夫《武》之備誡之以久，則既聞命矣。敢問遲矣而又久立於綴，何也？』子曰：『居，吾語爾。夫樂者，象成者也。總干而山立，武王之事也。發揚蹈厲，太公之志也。《武》亂皆坐，周、邵之治也。且夫《武》，始成而北出，再成而滅商，三成而南反，四成而南國是疆，五成而分陝，周公左、邵公右，六成而復綴，以崇其天子焉。衆夾振焉而四伐，所以盛威於中國。分陝而進，所以事蚤濟。久立於綴，所以待諸侯之至也。今汝獨未聞牧野之語乎？武王克殷而反商之政，未及下車，則封黄帝之後於薊，封帝堯之後於祝，封帝舜之後於陳，下車又封夏后氏之後於杞，封殷之後於宋，封王子比干之墓，釋箕子之囚，使人行商容之舊，以復其位，庶民弛政，庶士倍禄。既濟河西，馬散之華山之陽而弗復乘，牛散之桃林之野而弗復服，車甲則釁之而藏諸府庫以示弗復用。倒載干戈而包之以虎皮，將率之士使爲諸侯，命之曰鞬櫜，然後天下知武王之不復用兵也。散軍而修郊射，左射以《狸首》，右射以《騶虞》，而貫革之射息也；裨冕搢笏，而虎賁之士脱劍；郊祀后稷，而民知尊父焉；配明堂，而民知孝焉；朝覲，然後諸侯知所以臣；耕籍，然後民知所以敬親。六者，天下之大教也。食三老五更於太學，天子袒而割牲，執醬而饋，執爵而酳，冕而總干，所以教諸侯之弟也。如此，則周道四達，禮樂交通。夫《武》之遲久，不亦宜乎？』

問玉第三十六

子貢問於孔子曰：『敢問君子貴玉而賤珉，何也？爲玉之寡而珉多歟？』孔子曰：『非爲玉之寡故貴之，珉之多故賤之。夫昔者君子比德於玉：温潤而澤，仁也；縝密以栗，智也；廉而不劌，義也；垂之如墜，禮也；叩之，其聲清越而長，其終則詘然，樂矣；瑕不掩瑜，瑜不掩瑕，忠也；孚尹旁達，信也；氣如白虹，天也；精神見于山川，地也；珪璋特達，德也；天下莫不貴者，道也。《詩》云：「言念君子，温其如玉。」故君子貴之也。』

孔子曰：『入其國，其教可知也。其爲人也，温柔敦厚，《詩》教也；疏通知遠，《書》教也；廣博易良，《樂》教也；潔静精微，《易》教也；恭儉莊敬，《禮》教也；屬辭比事，《春秋》教也。故《詩》之失，愚；《書》之失，誣；《樂》之失，奢；《易》之失，賊；《禮》之失，煩；《春秋》之失，亂。其爲人也，温柔敦厚而不愚，則深於《詩》者矣；疏通知遠而不誣，則深於《書》者矣；廣博易良而不奢，則深於《樂》者矣；潔静精微而不賊，則深於《易》者矣；恭儉莊敬而不煩，則深於《禮》者矣；屬辭比事而不亂，則深於《春秋》者矣。天有四時者，春夏秋冬，風雨霜露，無非教也。地載神氣，吐納雷霆，流形庶物，無非教也。清明在躬，氣志如神，有物將至，其兆必先。是故，天地之教與聖人相參。其在《詩》曰：「嵩高惟嶽，峻極于天。惟嶽降神，生甫及申。惟申及甫，惟周之翰。四國于蕃，四方于宣。」此文、武之德。「矢其文德，協此四國。」此文王之德也。凡三代之王，必先其令問。《詩》云：「明明天子，令問不已。」三代之德也。』

子張問聖人之所以教。孔子曰：『師乎，吾語汝。聖人明於禮樂，舉而措之而已。』子張又問，孔子曰：『師，爾以爲必布几筵，揖讓升降，酌獻酬酢，然後謂之禮乎？爾以爲必行綴兆，執羽籥，作鐘鼓，然後謂之樂乎？言而可履，禮也；行而可樂，樂也。聖人力此二者，以躬己南面。是故天下太平，萬民順伏，百官承事，上下有禮也。夫禮之所以興，衆之所以治也；禮之所以廢，衆之所以亂也。目巧之室則有隩阼，席則有上下，車則有左右，行則並隨，立則有列序，古之義也。室而無隩阼，則亂於堂室矣；席而無上下，則亂於席次矣；車而無左右，則亂於車上矣；行而無並隨，則亂於階塗矣；列而無次序，則亂於著矣。昔者明王聖人，辯貴賤長幼，正男女内外，序親疏遠近，而莫敢相逾越者，皆由此塗出也。』

屈節解第三十七

子路問於孔子曰：『由聞丈夫居世，富貴不能有益於物，處貧賤之地而不能屈節以求伸，則不足以論乎人之域矣。』孔子曰：『君子之行己，期於必達於己，可以屈則屈，可以伸則伸。故屈節者所以有待，求伸者所以及時。是以雖受屈而不毀其節，志達而不犯於義。』

孔子在衛，聞齊國田常將欲爲亂，而憚鮑、晏，因欲移其兵以伐魯。孔子會諸弟子而告之曰：『魯，父母之國，不可不救，不忍視其受敵。今吾欲屈節於田常以救魯，二三子誰爲使？』於是子路曰：『請往齊。』孔子弗許。子張請往，又弗許。子石請往，又弗許。三子退，謂子貢曰：『今夫子欲屈節以救父母之國，吾三人請使而不獲往。此則吾子用辯之時也，吾子盍請行焉？』子貢請使，夫子許之。遂如齊，説田常曰：『今子欲收功於魯，實難，不若移兵於吳，則易。』田常不悦。子貢曰：『夫憂在内者攻强，憂在外者攻弱。吾聞子三封而三不成，是則大臣不聽令。戰勝以驕主，破國以尊臣，而子之功不與焉，則交日疏於主，而與大臣争。如此，則子之位危矣。』田常曰：『善！然兵甲已加魯矣，不可更，如何？』子貢曰：『緩師，吾請於吳，令救魯而伐齊，子因以兵迎之。』田常許諾。子貢遂南，説吳王曰：『王者不滅國，霸者無强敵。千鈞之重，加銖兩而移。今以齊國而私千乘之魯，與吳争强，甚爲王患之。且夫救魯以顯名，以撫泗上諸侯，誅暴齊以服晉，利莫大焉。名存亡魯，實困强齊，智者不疑。』吴王曰：『善！然吴常困越，越王今苦身養士，有報吴之心。子待我先越，然後乃可。』子貢曰：『越之勁不過魯，吴之强不過齊，而王置齊而伐越，則齊必私魯矣。王方以存亡繼絶之名，棄齊而伐小越，非勇也。勇者不避難，仁者不窮約，智者不失時，義者不絶世。今存越，示天下以仁，救魯伐齊，威加晉國，諸侯必相率而朝，霸業盛矣。且王必惡越，臣請見越君，令出兵以從，此則實害越而名從諸侯以伐齊。』吴王悦，乃遣子貢之越。越王郊迎，而自爲子貢御，曰：『此蠻夷之國，大夫何足儼然辱而臨之？』子貢曰：『今者，吾説吴王以救魯伐齊。其志欲之，而心畏越，曰：「待我伐越而後可。」則破越必矣。且無報人之志而令人疑之，拙矣；有報人之意而使人知之，殆乎；事未發而先聞者，危矣。三者，舉事之患矣。』勾踐頓首曰：『孤嘗不料力而興吳難，受困會稽，痛於骨髓，日夜焦脣乾舌，徒欲與吳王接踵而死，孤之願也。今大夫幸告以利害。』子貢曰：『吳王爲人猛暴，群臣不堪，國家疲弊，百姓怨上，大臣内變，申胥以諫死，大宰嚭用事，此則報吳之時也。王誠能發卒佐之，以邀射其志，而重寶以悦其心，卑辭以尊其禮，則其伐齊必矣。此聖人所謂屈節求其達者也。彼戰不勝，王之福；若勝，則必以兵臨晉。臣還北請見晉君共攻之，其弱吳必矣。鋭兵盡於齊，重甲困於晉，而王制其弊焉。』越王頓首許諾。子貢返五日，越使大夫文種頓首言於吳王曰：『越悉境内之士三千人以事吳。』吳王告子貢曰：『越王欲身從寡人，可乎？』子貢曰：『悉人之衆，又從其君，非義也。』吳王乃受越王卒，謝留勾踐。遂自發國内之兵以伐齊，敗之。子貢遂北見晉君，令承其弊。吳、晉遂遇於黄池。越王襲吳之國，吳王歸與越戰，滅焉。孔子曰：『夫其亂齊存魯，吾之如願。若能强晉以弊吴，使吴亡而越霸者，賜之説之也。美言傷信，慎言哉。』

孔子弟子有宓子賤者，仕於魯，爲單父宰。恐魯君聽讒言，使己不得行其政，於是辭行，故請君之近史二人，與之俱至官。宓子戒其邑吏，令二史書。方書輒掣其肘，書不善則從而怒之，二史患之，辭請歸魯。宓子曰：『子之書甚不善，子勉而歸矣。』二史歸報於君曰：『宓子使臣書而掣肘，書惡而又怒臣，邑吏皆笑之。此臣所以去之而來也。』魯君以問孔子，子曰：『宓不齊，君子也。其才任霸王之佐，屈節治單父，將以自試也。意者以此爲諫乎？』公寤，太息而嘆曰：『此寡人之不肖。寡人亂宓子之政而責其善者，非矣。微二史，寡人無以知其過。微夫子，寡人無以自寤。』遽發所愛之使，告宓子曰：『自今已往，單父非吾有也，從子之制，有便於民者，子決爲之。五年一言其要。』宓子敬奉詔，遂得行其政，於是單父治焉。躬敦厚，明親親，尚篤敬，施至仁，加懇誠，致忠信，百姓化之。齊人攻魯，道由單父。單父之老請曰：『麥已熟矣，今齊寇至，不及人人自收其麥。請放民出，皆穫傅郭之麥，可以益糧，且不資於寇。』三請而宓子不聽。俄而，齊寇逮于麥。季孫聞之，怒，使人以讓宓子曰：『民寒耕熱耘，曾不得食，豈不哀哉？不知猶可，以告者而子不聽，非所以爲民也。』宓子蹴然曰：『今兹無麥，明年可樹。若使不耕者穫，是使民樂有寇。且得單父一歲之麥，於魯不加强，喪之不加弱。若使民有自取之心，其創必數世不息。』季孫聞之，赧然而愧曰：『地若可入，吾豈忍見宓子哉！』三年，孔子使巫馬期遠觀政焉。巫馬期陰免衣，衣敝裘，入單父界。見夜漁者，得魚輒舍之。巫馬期問焉，曰：『凡漁者爲得，何以得魚即舍之？』漁者曰：『魚之大者名爲鱒，吾大夫愛之；其小者名爲鱦，吾大夫欲長之。是以得二者，輒舍之。』巫馬期返，以告孔子曰：『宓子之德至，使民闇行若有嚴刑於旁。敢問宓子何行而得於是？』孔子曰：『吾嘗與之言曰：「誠於此者刑乎彼。」宓子行此術於單父也。』

孔子之舊曰原壤，其母死，夫子將助之以沐槨。子路曰：『由也昔者聞諸夫子曰「無友不如己者，過則勿憚改」。夫子憚矣，姑已若何？』孔子曰：『「凡民有喪，匍匐救之。」況故舊乎？非友也。吾其往。』及爲槨，原壤登木曰：『久矣，予之不託於音也。』遂歌曰：『貍首之班然，執女手之卷然。』夫子爲之隱，佯不聞以過之。子路曰：『夫子屈節而極於此，失其與矣，豈未可以已乎？』孔子曰：『吾聞之，親者不失其爲親也，故者不失其爲故也。』

孔子家語卷第九

七十二弟子解第三十八

顔回，魯人，字子淵，少孔子三十歲。年二十九而髮白，三十一早死。

孔子曰：『自吾有回，門人日益親。』回以德行著名，孔子稱其仁焉。

閔損，魯人，字子騫，少孔子五十歲。以德行著名，孔子稱其孝焉。

冉耕，魯人，字伯牛。以德行著名。有惡疾，孔子曰：『命也夫！』

冉雍，字仲弓，伯牛之宗族。生於不肖之父。以德行著名。

宰予，字子我，魯人。有口才著名。

端木賜，字子貢，衛人，少孔子三十一歲。有口才著名。

冉求，字子有，仲弓之族，少孔子二十九歲。有才藝，以政事著名。

仲由，卞人，字子路，一字季路，少孔子九歲。有勇力才藝，以政事著名。

言偃，魯人，字子游，少孔子三十五歲。時習於禮，以文學著名。

卜商，衛人，字子夏，少孔子四十四歲。習於《詩》，能通其義，以文學著名。爲人性不弘，好論精微，時人無以尚之。嘗返衛，見讀史志者云：『晉師伐秦，三豕渡河。』子夏曰：『非也，「己亥」耳。』讀史志者問諸晉史，果曰『己亥』。於是衛以子夏爲聖。孔子卒後，教於西河之上。魏文侯師事之，而諮國政焉。

顓孫師，陳人，字子張，少孔子四十八歲。爲人有容貌資質，寬沖博接，從容自務，居不務立於仁義之行，孔子門人友之而弗敬。

曾參，南武城人，字子輿，少孔子四十六歲。志存孝道，故孔子因之以作《孝經》。齊嘗聘，欲與爲卿而不就，曰：『吾父母老，食人之禄，則憂人之事，故吾不忍遠親而爲人役。』參後母遇之無恩，而供養不衰。及其妻以藜烝不熟，因出之。人曰：『非七出也。』參曰：『藜烝，小物耳。吾欲使熟，而不用吾命，況大事乎？』遂出之，終身不取妻。其子元請焉，告其子曰：『高宗以後妻殺孝己，尹吉甫以後妻放伯奇。吾上不及高宗，中不比吉甫，庸知其得免於非乎？』

澹臺滅明，武城人，字子羽，少孔子四十九歲。有君子之姿，孔子嘗以容貌望其才。其才不充孔子之望，然其爲人公正無私，以取與去就以諾爲名，仕魯爲大夫也。

高柴，齊人，高氏之别族，字子羔，少孔子四十歲。長不過六尺，狀貌甚惡。爲人篤孝而有法正。少居魯，見知名於孔子之門。仕爲武城宰。

宓不齊，魯人，字子賤，少孔子四十九歲。仕爲單父宰。有才智，仁愛百姓，不忍欺。孔子大之。

樊須，魯人，字子遲，少孔子四十六歲。弱仕於季氏。

有若，魯人，字子有，少孔子三十六歲。爲人强識，好古道也。

公西赤，魯人，字子華，少孔子四十二歲。束帶立朝，閑賓主之儀。

原憲，宋人，字子思，少孔子三十六歲。清凈守節，貧而樂道。孔子爲魯司寇，原憲嘗爲孔子宰。孔子卒後，原憲退隱，居于衛。

公冶長，魯人，字子長。爲人能忍耻。孔子以女妻之。

南宫韜，魯人，字子容。以智自將，世清不廢，世濁不洿。孔子以兄子妻之。

公析哀，齊人，字季沉。鄙天下多仕於大夫家者，是故未嘗屈節人臣。

孔子特嘆貴之。

曾點，曾參父，字子皙。疾時禮教不行，欲修之。孔子善焉。《論語》所謂『浴乎沂，風乎舞雩之下』。

顏由，顏回父，字季路。孔子始教學於闕里，而受學。少孔子六歲。

商瞿，魯人，字子木，少孔子二十九歲。特好《易》，孔子傳之，志焉。

漆雕開，蔡人，字子若，少孔子十一歲。習《尚書》，不樂仕。孔子曰：『子之齒可以仕矣，時將過。』子若報其書曰：『吾斯之未能信。』孔子悅焉。

公良儒，陳人，字子正。賢而有勇，孔子周行，常以家車五乘從。

秦商，魯人，字不慈，少孔子四歲。其父堇父，與孔子父叔梁紇俱力聞。

顔刻，魯人，字子驕，少孔子五十歲。孔子適衛，子驕爲僕。衛靈公與夫人南子同車出，而令宦者雍梁參乘，使孔子爲次乘，遊過市。孔子耻之。顔刻曰：『夫子何耻之？』孔子曰：『《詩》云：「覯爾新婚，以慰我心。」』乃嘆曰：『吾未見好德如好色者也。』

司馬黎耕，宋人，字子牛。牛爲人性躁，好言語。見兄桓魋行惡，牛常憂之。

巫馬施，陳人，字子期，少孔子三十歲。孔子將近行，命從者皆持蓋。已而，果雨。巫馬期問曰：『旦無雲，既日出，而夫子命持雨具，敢問何以知之？』孔子曰：『昨暮月宿畢，《詩》不云乎「月離於畢，俾滂沱矣」，以此知之。』

梁鱣，齊人，字叔魚，少孔子三十九歲。年三十，未有子，欲出其妻。

商瞿謂曰：『子未也。昔吾年三十八無子，吾母爲吾更取室。夫子使吾之齊，母欲請留吾。夫子曰：「無憂也。瞿過四十，當有五丈夫。」今果然。吾恐子自晚生耳，未必妻之過。』從之，二年而有子。

琴牢，衛人，字子開，一字張。與宗魯友。聞宗魯死，欲往吊焉。孔子弗許，曰：『非義也。』

冉儒，魯人，字子魚，少孔子五十歲。

顔辛，魯人，字子柳，少孔子四十六歲。

伯虔，字子楷，少孔子五十歲。

公孫寵，衛人，字子石，少孔子五十三歲。

曹卹，少孔子五十歲。

陳亢，陳人，字子亢，一字子禽，少孔子四十歲。

叔仲會，魯人，字子期，少孔子五十歲。與孔琁年相比。每孺子之執筆記事於夫子，二人迭侍左右。孟武伯見孔子而問曰：『此二孺子之幼也於學，豈能識於壯哉？』孔子曰：『然，少成則若性也，習慣若自然也。』

秦祖，字子南。

奚蒧，字子偕。

公祖兹，字子之。

廉潔，字子曹。

公西與，字子上。

宰父黑，字子黑。

公西減，字子尚。

穰駟赤，字子從。

冉季，字子産。

薛邦，字子從。

石處，字里之。

懸亶，字子象。

左郢，字子行。

狄黑，字哲之。

商澤，字子秀。

任不齊，字子選。

榮祈，字子祺。

顔噲，字子聲。

原忼，字子籍。

公肩定，字子仲。

秦非，字子之。

漆雕從，字子文。

燕伋，字子思。

公夏守，字子乘。

勾井疆，字子疆。

步叔乘，字子車。

石子蜀，字子明。

邽選，字子斂。

施之常，字子常。

申續，字子周。

樂欣，字子聲。

顔之僕，字子叔。

孔弗，字子蔑。

漆雕侈，字子斂。

縣成，字子横。

顔相，字子襄。

右夫子弟子七十二人，弟子皆升堂入室者。

本姓解第三十九

孔子之先，宋之後也。微子啓，帝乙之元子，紂之庶兄。以圻内諸侯，入爲王卿士。微，國名，子，爵。初，武王尅殷，封紂之子武庚於朝歌，使奉湯祀。武王崩，而與管、蔡、霍三叔作難。周公相成王，東征之。二年，罪人斯得，乃命微子於殷後，作《微子之命》，由之與國于宋，徙殷之子孫。唯微子先往仕周，故封之賢。其弟曰仲思，名衍，或名泄，嗣微子後，故號微仲，生宋公稽。胄子雖遷爵易位，而班級不及其故者，得以故官爲稱。故二微雖爲宋公，而猶以微之號自終，至于稽乃稱公焉。宋公生丁公申，申公生緡公共及襄公熙，熙生弗父何及厲公方祀，方祀以下，世爲宋卿。弗父何生宋父周，周生世子勝，勝生正考甫，考甫生孔父嘉。五世親盡，別爲公族，故後以孔爲氏焉。一曰，孔父者，生時所賜號也，是以子孫遂以氏族。孔父生子木金父，金父生睪夷，睪夷生防叔，避華氏之禍而奔魯。防叔生伯夏，伯夏生叔梁紇。曰：『雖有九女，是無子。』其妾生孟皮，孟皮一字伯尼，有足病。於是乃求婚於顏氏。顏氏有三女，其小曰徵在。顏父問三女曰：『陬大夫雖父祖爲士，然其先聖王之裔。今其人身長十尺，武力絶倫，吾甚貪之，雖年長性嚴，不足爲疑，三子孰能爲之妻？』二女莫對，徵在進曰：『從父所制，將何問焉？』父曰：『即爾能矣。』遂以妻之。徵在既往，廟見，以夫之年大，懼不時有男，而私禱尼丘之山以祈焉。生孔子，故名丘，字仲尼。孔子三歲而叔梁紇卒，葬於防。至十九，娶于宋之亓官氏。一歲而生伯魚。魚之生也，魯昭公以鯉魚賜孔子。榮君之貺，故因以名曰鯉，而字伯魚。魚年五十，先孔子卒。

齊太史子與適魯，見孔子。孔子與之言道。子與悦，曰：『吾鄙人也，聞子之名，不睹子之形久矣。而求知之寶貴也。乃今而後知泰山之爲高，淵海之爲大。惜乎，夫子之不逢明王，道德不加于民，而將垂寶以貽後世。』遂退而謂南宮敬叔曰：『今孔子先聖之嗣，自弗父何以來，世有德讓，天所祚也。成湯以武德王天下，其配在文。殷宗以下，未始有也。孔子生於衰周，先王典籍，錯亂無紀，而乃論百家之遺記，考正其義，祖述堯舜，憲章文武，删《詩》述《書》，定《禮》理《樂》，制作《春秋》，讚明《易》道，垂訓後嗣，以爲法式，其文德著矣。然凡所教誨，束脩已上，三千餘人。或者天將欲與素王之乎，夫何其盛也！』敬叔曰：『殆如吾子之言，夫物莫能兩大，吾聞聖人之後，而非繼世之統，其必有興者焉。今夫子之道至矣，乃將施之無窮。雖欲辭天之祚，故未得耳。』子貢聞之，以二子之言告孔子。子曰：『豈若是哉？亂而治之，滯而起之，自吾志，天何與焉！』

終記解第四十

孔子蚤晨作，負手曳杖，逍遥於門，而歌曰：『泰山其頽乎！梁木其壞乎！哲人其萎乎！』既歌而入，當户而坐。子貢聞之，曰：『泰山其頽，則吾將安仰？梁木其壞，吾將安杖？哲人其萎，吾將安放？夫子殆將病也。』遂趨而入。夫子嘆而言曰：『賜，汝來何遲？予疇昔夢坐奠於兩楹之間。夏后氏殯於東階之上則猶在阼，殷人殯於兩楹之間即與賓主夾之，周人殯於西階之上則猶賓之。而丘也即殷人也。夫明王不興，則天下其孰能宗余？余殆將死。』遂寢病，七日而終，時年七十二矣。哀公誄曰：『昊天不弔，不憖遺一老，俾屏余一人以在位，煢煢余在疚，於乎哀哉，尼父！無自律。』子貢曰：『公其不没於魯乎！夫子有言曰：「禮失則昏，名失則愆。失志爲昏，失所爲愆。」生不能用，死而誄之，非禮也；稱一人，非名。君兩失之矣。』既卒，門人疑所以服夫子者。子貢曰：『昔夫子之喪顔回也，若喪其子而無服，喪子路亦然。今請喪夫子如喪父而無服。』

於是弟子皆弔服而加麻，出有所之，則由絰。子夏曰：『入宜絰可居，出則不絰。』子游曰：『吾聞諸夫子：喪朋友，居則絰，出則否；喪所尊，雖絰而出，可也。』

孔子之喪，公西赤掌殯葬焉。唅以疏米三貝，襲衣十有一稱，加朝服一，冠章甫之冠，珮象環，徑五寸而綦組綬，桐棺四寸，柏棺五寸，飭廟置翣。設披，周也；設崇，殷也；綢練、設旐，夏也。兼用三王禮，所以尊師，且備古也。葬於魯城北泗水上，藏入地，不及泉。而封爲偃斧之形，高四尺，樹松柏爲志焉。弟子皆家于墓，行心喪之禮。既葬，有自燕來觀者，舍於子夏氏。子貢謂之曰：『吾亦人之葬聖人，非聖人之葬人。子奚觀焉？昔夫子言曰：「見吾封若夏屋者，見若斧矣。」從若斧者也，馬鬣封之謂也。今徒一日三斬板而以封，尚行夫子之志而已。何觀乎哉？』二三子三年喪畢，或留或去，惟子貢廬於墓六年。自後群弟子及魯人處墓如家者，百有餘家，因名其居曰孔里焉。

正論解第四十一

孔子在齊，齊侯出田，招虞人以旌，不進，公使執之。對曰：『昔先君之田也，旌以招大夫，弓以招士，皮冠以招虞人。臣不見皮冠，故不敢進。』乃舍之。孔子聞之曰：『善哉！守道不如守官。君子韙之。』

齊國師伐魯，季康子使冉求率左師禦之，樊遲爲右。師不逾溝，樊遲曰：『非不能也，不信子。請三刻而逾之。』如之，衆從之。師入齊軍，齊軍遁。冉有用戈，故能入焉。孔子聞之曰：『義也。』既戰，季孫謂冉有曰：『子之於戰，學之乎？性達之乎？』對曰：『學之。』季孫曰：『從事孔子，惡乎學？』冉有曰：『即學之孔子也。夫孔子者，大聖，無不該，文武並用兼通。求也適聞其戰法，猶未之詳也。』季孫悅。樊遲以告孔子。孔子曰：『季孫於是乎可謂悅人之有能矣。』

南宫説、仲孫何忌既除喪，而昭公在外，未之命也。定公即位，乃命之。辭曰：『先臣有遺命焉，曰：「夫禮，人之幹也，非禮則無以立。」囑家老，使命二臣必事孔子而學禮，以定其位。』公許之。二子學於孔子。孔子曰：『能補過者，君子也。《詩》云：「君子是則是傚。」孟僖子可則傚矣。懲己所病，以誨其嗣。《大雅》所謂「詒厥孫謀，以燕翼子」，是類也夫。』

衛孫文子得罪於獻公，居戚。公卒，未葬，文子擊鐘焉。延陵季子適晉，過戚，聞之，曰：『異哉！夫子之在此，猶燕子巢於幕也，懼猶未也，又何樂焉？君又在殯，可乎？』文子於是終身不聽琴瑟。孔子聞之，曰：『季子能以義正人，文子能克己服義，可謂善改矣。』

孔子覽《晉志》，晉趙穿殺靈公，趙盾亡，未及山而還。史書『趙盾弒君』。盾曰：『不然。』史曰：『子爲正卿，亡不出境，返不討賊，非子而誰？』盾曰：『嗚呼！「我之懷矣，自詒伊戚」，其我之謂乎！』孔子嘆曰：『董狐，古之良史也，書法不隱。趙宣子，古之良大夫也，爲法受惡。受惡，惜也，越境乃免。』

鄭伐陳，入之，使子産獻捷于晉。晉人問陳之罪焉，子産對曰：『陳亡周之大德，介恃楚衆，馮陵敝邑，是以有往年之告。未獲命，則又有東門之役。當陳隧者，井陻、木刊，敝邑大懼。天誘其衷，啓敝邑心，知其罪，授首於我，用敢獻功。』晉人曰：『何故侵小？』對曰：『先王之命，惟罪所在，各致其辟。且昔天子一圻，列國一同，自是以衰，周之制也。今大國多數圻矣，若無侵小，何以至焉？』晉人曰：『其辭順。』孔子聞之，謂子貢曰：『《志》有之：「言以足志，文以足言。」不言，誰知其志？言之無文，行之不遠。晉爲伯，鄭入陳，非文辭不爲功。小子慎哉！』

楚靈王汰侈。右尹子革侍坐，左史倚相趨而過。王曰：『是良史也，子善視之。是能讀《三墳》《五典》《八索》《九丘》。』對曰：『夫良史者，記君之過，揚君之善。而此子以潤辭爲官，不可爲良史。』曰：『臣又乃嘗問焉，昔周穆王欲肆其心，將過行天下，使皆有車轍並馬迹焉。祭公謀父作《祈昭》，以止王心，王是以獲殁於文宮。臣問其詩焉而弗知，若問遠焉，其焉能知？』王曰：『子能乎？』對曰：『能。其詩曰：「祈昭之愔愔乎，式昭德音，思我王度，式如玉，式如金。刑民之力，而無有醉飽之心。」』靈王揖而入，饋不食，寢不寐，數日，則固不能自勝其情，以及於難。孔子讀其志，曰：『古者有志：「克己復禮爲仁。」信善哉！楚靈王若能如是，豈期辱於乾溪？子革之非左史，所以風也，稱詩以諫，順哉！』

叔孫穆子避難奔齊，宿於庚宗之邑。庚宗寡婦通焉，而生牛。穆子返魯，以牛爲内豎，相家。牛讒叔孫二人，殺之。叔孫有病，牛不通其饋，不食而死。牛遂輔叔孫庶子昭而立之。昭子既立，朝其家衆曰：『豎牛禍叔孫氏，使亂大從，殺適立庶，又被其邑，以求舍罪，罪莫大焉，必速殺之。』遂殺豎牛。孔子曰：『叔孫昭子不勞，不可能也。周任有言曰：「爲政者不賞私勞，不罰私怨。」《詩》云：「有覺德行，四國順之。」昭子有焉。』

晉邢侯與雍子争田，叔魚攝理，罪在雍子。雍子納其女於叔魚，叔魚弊獄刑侯。刑侯怒，殺叔魚與雍子於朝。韓宣子問罪於叔向，叔向曰：『三奸同坐，施生戮死，可也。雍子自知其罪而賂以置直，鮒也鬻獄，邢侯專殺，其罪一也。己惡而掠美爲昏，貪以敗官爲默，殺人不忌爲賊。《夏書》曰：「昏、默、賊，殺。」咎陶之刑也。請從之。』乃施邢侯，而尸雍子、叔魚於市。孔子曰：『叔向，古之遺直也。治國制刑，不隱於親。三數叔魚之罪，不爲末，或曰義，可謂直矣。平丘之會，數其賄也，以寬衛國，晉不爲暴；歸魯季孫，稱其詐也，以寬魯國，晉不爲虐；邢侯之獄，言其貪也，以正刑書，晉不爲頗。三言而除三惡，加三利，殺親益榮，由義也夫。』

鄭有鄉校，鄉校之士非論執政。鬷明欲毀鄉校。子産曰：『何以毀爲也？夫人朝夕退而遊焉，以議執政之善否。其所善者，吾則行之；其所否者，吾則改之。若之何其毀也？我聞忠言以損怨，不聞立威以防怨。

防怨猶防水也，大決所犯，傷人必多，吾弗克救也。不如小決使導之，不如吾所聞而藥之。』孔子聞是言也，曰：『吾以是觀之，人謂子產不仁，吾不信也。』

晉平公會諸侯于平丘，齊侯及盟。鄭子產爭貢賦之所承，曰：『昔日天子班貢，輕重以列，列尊貢重，周之制也。卑而貢重者，甸服。鄭伯，南也，而使從公侯之貢，懼弗給也，敢以爲請。』自日中爭之，以至于昏，晉人許之。孔子曰：『子產於是行也，是以爲國基也。《詩》云：「樂只君子，邦家之基。」子產，君子之於樂者。』且曰：『合諸侯而藝貢事，禮也。』

鄭子產有疾，謂子太叔曰：『我死，子必爲政。唯有德者能以寬服民，其次莫如猛。夫火烈，民望而畏之，故鮮死焉；水濡弱，民狎而翫之，則多死焉，故寬難。』子產卒，子太叔爲政，不忍猛，而寬，鄭國多掠盜。太叔悔之曰：『吾早從夫子，必不及此。』孔子聞之曰：『善哉！政寬則民慢，慢則糾於猛。猛則民殘，民殘則施之以寬。寬以濟猛，猛以濟寬，寬猛相濟，政是以和。《詩》曰：「民亦勞止，汔可小康。惠此中國，以綏四方。」施之以寬。「毋縱詭隨，以謹無良。式遏寇虐，慘不畏明。」糾之以猛也。「柔遠能邇，以定我王。」平之以和也。又曰：「不競不絿，不剛不柔。布政優優，百禄是遒。」和之至也。』子産之卒也，孔子聞之，出涕，曰：『古之遺愛。』

孔子適齊，過泰山之側，有婦人哭於野者而哀。夫子式而聽之，曰：『此哀一似重有憂者。』使子貢往問之。而曰：『昔舅死於虎，吾夫又死焉，今吾子又死焉。』子貢曰：『何不去乎？』婦人曰：『無苛政。』子貢以告孔子。子曰：『小子識之：苛政猛於暴虎。』

晉魏獻子爲政，分祁氏及羊舌氏之田，以賞諸大夫及其子成，皆以賢舉也。又謂賈辛曰：『今汝有力於王室，吾是以舉汝。行乎，敬之哉，毋墮乃力。』孔子聞之曰：『魏子之舉也，近不失親，遠不失舉，可謂義矣。』又聞其命賈辛，以爲忠：『《詩》云：「永言配命，自求多福」，忠也。魏子之舉也義，其命也忠，其長有後於晉國乎。』

趙簡子賦晉國一鼓鐘，以鑄刑鼎，著范宣子所爲刑書。孔子曰：『晉其亡乎！失其度矣。夫晉國將守唐叔之所受法度，以經緯其民者也。卿大夫以序守之，民是以能遵其道而守其業，貴賤不僭，所謂度也。文公是以作執秩之官，爲被廬之法，以爲盟主。今棄此度也，而爲刑鼎，銘在鼎矣，何以尊貴？何業之守也？貴賤無序，何以爲國？且夫宣子之刑，夷之蒐也，晉國亂制，若之何其爲法乎？』

楚昭王有疾，卜曰：『河神爲祟。』王弗祭，大夫請祭諸郊。王曰：『三代命祀，祭不越望。江、漢、沮、漳，楚之望也。禍福之至，不是過乎？不穀雖不德，河非所獲罪也。』遂不祭。孔子曰：『楚昭王知大道矣，其不失國也，宜哉。《夏書》曰：「維彼陶唐，率彼天常，在此冀方。今失厥道，亂其紀綱，乃滅而亡。」又曰：「允出兹在兹」，由己率常，可矣。』

衛孔文子使太叔疾出其妻，而以其女妻之。疾誘其初妻之娣，爲之立宮，與文子女，如二妻之禮。文子怒，將攻之。孔子舍蘧伯玉之家，文子就而訪焉。孔子曰：『簠簋之事，則嘗聞學之矣。兵甲之事，未之聞也。』退而命駕而行，曰：『鳥則擇木，木豈能擇鳥乎？』文子遽自止之，曰：『圉也豈敢度其私哉？亦訪衛國之難也。』將止，會季康子問冉求之戰。冉求既對之，又曰：『夫子播之百姓，質諸鬼神而無憾，用之則有名。』

康子言於哀公，以幣迎孔子，曰：『人之於冉求，信之矣，將大用之。』

齊陳恒弑其君簡公，孔子聞之，三日沐浴而適朝，告於哀公曰：『陳恒弑其君，請伐之。』公弗許。三請，公曰：『魯爲齊弱久矣，子之伐也，將若之何？』對曰：『陳恒弑其君，民之不與者半。以魯之衆，加齊之半，可克也。』公曰：『子告季氏。』孔子辭，退而告人曰：『以吾從大夫之後，吾不敢不告也。』

子張問曰：『《書》云：「高宗三年不言，言乃雍。」有諸？』孔子曰：『胡爲其不然也？古者天子崩，則世子委政於冢宰三年。成湯既没，太甲聽於伊尹；武王既喪，成王聽於周公。其義一也。』

衛孫桓子侵齊，遇，敗焉。齊人乘之，執。新築大夫仲叔于奚以其衆救桓子，桓子乃免。衛人以邑賞仲叔于奚，于奚辭，請曲懸之樂，繁纓以朝。許之，書在三官。子路仕衛，見其故，以訪孔子。孔子曰：『惜也！不如多與之邑，惟器與名，不可以假人，君之所司。名以出信，信以守器，器以藏禮，禮以行義，義以生利，利以平民，政之大節也。若以假人，與人政也。政亡，則國家從之，不可止也。』

公父文伯之母紡績不解，文伯諫焉。其母曰：『古者王后親織玄紞，公侯之夫人加之紘綖，卿之内子爲大帶，命婦成祭服，列士之妻加之以朝服。自庶士已下，各衣其夫。社而賦事，烝而獻功，男女紡績，愆則有辟，聖王之制也。今我寡也，爾又在下位，朝夕恪勤，猶恐忘先人之業，況有怠墮，其何以避辟？』孔子聞之，曰：『弟子志之：季氏之婦，可謂不過矣。』

樊遲問於孔子曰：『鮑牽事齊君，執政不撓，可謂忠矣，而君刖之，其爲至暗乎？』孔子曰：『古之士者，國有道則盡忠以輔之，國無道則退身以避之。今鮑莊子食於淫亂之朝，不量主之明暗，以受大刖，是智之不如葵，葵猶能衛其足。』

季康子欲以一井田出法賦焉，使訪孔子。子曰：『丘弗識也。』冉有三發，卒曰：『子爲國老，待子而行，若之何子之不言？』孔子不對，而私於冉有曰：『求，汝來。汝弗聞乎，先王制土，藉田以力，而底其遠近；賦里以入，而量其有無；任力以夫，而議其老幼。於是鰥、寡、孤、疾、老者，軍旅之出則徵之，無則已。其歲收，田一井出稯禾、秉芻、缶米，不是過，先王以爲之足。君子之行，必度於禮，施取其厚，事舉其中，斂從其薄。若是其已，丘亦足矣。不度於禮，而貪冒無厭，則雖賦田，將有不足。且子孫若以行之而取法，則有周公之典在。若欲犯法，則苟行之，又何訪焉？』

子游問於孔子曰：『夫子之極言子産之惠也，可得聞乎？』孔子曰：『惠在愛民而已矣。』子游曰：『愛民謂之德教，何翅施惠哉？』孔子曰：『夫子産者，猶衆人之母也，能食之，弗能教也。』子游曰：『其事可言乎？』孔子曰：『子産以所乘之輿濟冬涉者，是愛無教也。』

哀公問於孔子曰：『二三大夫皆勸寡人，使隆敬於高年，何也？』孔子對曰：『君之及此言，將天下實賴之，豈唯魯哉！』公曰：『何也？其義可得聞乎？』孔子曰：『昔者，有虞氏貴德而尚齒，夏后氏貴爵而尚齒，殷人貴富而尚齒，周人貴親而尚齒。虞、夏、殷、周，天下之盛王也，未有遺年者焉。年者，貴於天下久矣，次于事親。是故，朝廷同爵而尚齒。七十杖於朝，君問則席；八十則不仕朝，君問則就之，而悌達乎朝廷矣。其行也，肩而不並，不錯則隨，斑白者不以其任於道路，而悌達乎道路矣；居鄉以齒，而老窮不匱，强不犯弱，衆不暴寡，而悌達乎州巷矣；古之道，五十不爲甸役，頒禽隆之長者，而悌達乎蒐狩矣；軍旅什伍，同爵則尚齒，而悌達乎軍旅矣。夫聖王之教，孝悌發諸朝廷，行於道路，至於州巷，放於蒐狩，循於軍旅，則衆感以義，死之而弗敢犯。』公曰：『善哉，寡人雖聞之，弗能成。』

哀公問於孔子曰：『寡人聞東益不祥，信有之乎？』孔子曰：『不祥有五，而東益不與焉。夫損人自益，身之不祥；棄老而取幼，家之不祥；釋賢而任不肖，國之不祥；老者不教，幼者不學，俗之不祥；聖人伏匿，愚者擅權，天下不祥。不祥有五，東益不與焉。』

孔子適季孫，季孫之宰謁曰：『君使求假於馬，特與之乎？』季孫未言，孔子曰：『吾聞之，君取於臣，謂之取；與於臣，謂之賜。臣取於君，謂之假；與於君，謂之獻。』季孫色然悟曰：『吾誠未達此義。』遂命其宰曰：『自今已往，君有取之，一切不得復言「假」也。』

孔子家語卷第十

曲禮子貢問第四十二

子貢問於孔子曰：『晉文公實召天子，而使諸侯朝焉。夫子作《春秋》，云「天王狩于河陽」。何也？』孔子曰：『以臣召君，不可以訓。亦書其率諸侯事天子而已。』

孔子在宋，見桓魋自爲石槨，三年而不成，工匠皆病。夫子愀然曰：『若是其靡也，死不如速朽之愈。』冉子僕，曰：『禮，凶事不豫，此何謂也？』夫子曰：『既死而議謚，謚定而卜葬，既葬而立廟，皆臣子之事，非所豫屬也，況自爲之哉？』南宮敬叔以富得罪於定公，奔衛。衛侯請復之，載其寶以朝。夫子聞之，曰：『若是其貨也，喪不若速貧之愈。』子游侍，曰：『敢問何謂如此？』孔子曰：『富而不好禮，殃也。敬叔以富喪矣，而又弗改，吾懼其將有後患也。』敬叔聞之，驟如孔氏，而後循禮施散焉。

孔子在齊，齊大旱，春饑。景公問於孔子曰：『如之何？』孔子曰：『凶年則乘駑馬，力役不興，馳道不修，祈以幣玉，祭祀不懸，祀以下牲。此賢君自貶以救民之禮也。』

孔子適季氏，康子晝居内寢。孔子問其所疾，康子出見之。言終，孔子退。子貢問曰：『季孫不疾，而問諸疾，禮與？』孔子曰：『夫禮，君子不有大故，則不宿於外；非致齊也，非疾也，則不晝處於内。是故夜居外，雖弔之，可也；晝居於内，雖問其疾，可也。』

孔子爲大司寇，國廄焚。子退朝而之火所，鄉人有自爲火來者，則拜之，士一，大夫再。子貢曰：『敢問何也？』孔子曰：『其來者，亦相弔之道也。吾爲有司，故拜之。』

子貢問曰：『管仲失於奢，晏子失於儉。與其俱失矣，二者孰賢？』孔子曰：『管仲鏤簋而朱紘，旅樹而反坫，山節藻梲。賢大夫也，而難爲上。晏平仲祀其先祖，而豚肩不揜豆，一狐裘三十年。賢大夫也，而難爲下。君子上不僭下，下不偪上。』

冉求曰：『昔文仲知魯國之政，立言垂法，于今不亡，可謂知禮矣。』孔子曰：『昔臧文仲安知禮？夏父弗綦逆祀而不止，燔柴於竈以祀焉。夫竈者，老婦之所祭，盛於甕，尊於瓶，非所柴也。故曰禮也者，由體也。體不備，謂之不成人。設之不當，猶不備也。』

子路問於孔子曰：『臧武仲率師與邾人戰于狐鮐，遇，敗焉，師人多喪而無罰。古之道然與？』孔子曰：『凡謀人之軍，師敗則死之；謀人之國邑，危則亡之，古之正也。其君在焉者，有詔則無討。』

晉將伐宋，使人覘之。宋陽門之介夫死，司城子罕哭之哀。覘者反，言於晉侯曰：『陽門之介夫死，而子罕哭之哀，民咸悦。宋殆未可伐也。』孔子聞之，曰：『善哉，覘國乎！《詩》云「凡民有喪，匍匐救之」，子罕有焉。雖非晉國，天下其孰能當之？是以周任有言曰：「民悦其愛者，弗可敵也。」』

楚伐吴，工尹商陽與陳棄疾追吴師。及之，棄疾曰：『王事也，子手弓而可。』商陽手弓。棄疾曰：『子射諸！』射之，斃一人，韔其弓。又及，棄疾謂之。又及，棄疾復謂之。斃二人。每斃一人，輒掩其目。止其御，曰：『吾朝不坐，燕不與，殺三人亦足以反命矣。』孔子聞之，曰：『殺人之中，又有禮焉。』子路怫然進曰：『人臣之節，當君大事，唯力所及，死而後已。

夫子何善此？』子曰：『然，如汝言也。吾取其有不忍殺人之心而已。』

孔子在衛，司徒敬之卒，夫子弔焉。主人不哀，夫子哭不盡聲而退。蘧伯玉請曰：『衛鄙俗，不習喪禮，煩吾子辱相焉。』孔子許之。掘中霤而浴，毁竈而綴足，襲於牀。及葬，毁宗而躐行也，出于大門。及墓，男子西面，婦人東面，既封而歸，殷道也。孔子行之。子游問曰：『君子行禮，不求變俗，夫子變之矣。』孔子曰：『非此之謂也，喪事則從其質而已矣。』

宣公八年六月辛巳，有事于太廟，而東門襄仲卒，壬午猶繹。子游見其故，以問孔子曰：『禮與？』孔子曰：『非禮也，卿卒不繹。』

季桓子喪，康子練而無衰。子游問於孔子曰：『既服練服，可以除衰乎？』孔子曰：『無衰衣者，不以見賓，何以除焉？』

郕人以同母異父之昆弟死，將爲之服，因顔克而問禮於孔子。子曰：

『繼父同居者，則異父昆弟從爲之服；不同居，繼父且猶不服，況其子乎？』

齊師侵魯，公叔務人遇人入保，負杖而息。務人泣曰：『使之雖病，任之雖重，君子弗能謀，士弗能死，不可也。我則言之矣，敢不勉乎？』與其鄰嬖童汪錡乘往，奔敵死焉。皆殯，魯人欲勿殤童汪錡，問於孔子。曰：『能執干戈，以衛社稷，可無殤乎？』

魯昭公夫人吴孟子卒，不赴于諸侯。孔子既致仕，而往弔焉。適于季氏，季氏不經，孔子投經而不拜。子游問曰：『禮與？』孔子曰：『主人未成服，則吊者不經焉，禮也。』

公父穆伯之喪，敬姜晝哭；文伯之喪，晝夜哭。孔子曰：『季氏之婦，可謂知禮矣！愛而無私，上下有章。』

南宮縚之妻，孔子兄之女。喪其姑，而誨之髽，曰：『爾毋從從爾，毋扈扈爾。蓋榛以爲笄，長尺，而總八寸。』

子張有父之喪，公明儀相焉。問啓顙於孔子，孔子曰：『拜而後啓顙，頹乎其順；啓顙而後拜，頎乎其至也。三年之喪，吾從其至也。』

孔子在衛，衛之人有送葬者，而夫子觀之，曰：『善哉，爲喪乎！足以爲法也。小子識之！』子貢問曰：『夫子何善爾？』曰：『其往也，如慕；其返也，如疑。』子貢曰：『豈若速返而虞哉？』子曰：『此情之至者也。小子識之！我未之能也。』

卞人有母死而孺子之泣者，孔子曰：『哀則哀矣，而難繼也。夫禮，爲可傳也，爲可繼也。故哭踊有節，而變除有期。』

孟獻子禫，懸而不樂，可御而不處内。子游問於孔子曰：『若是則過禮也？』孔子曰：『獻子可謂加於人一等矣。』

魯人有朝祥而暮歌者，子路笑之。孔子曰：『由，爾責於人終無已。夫三年之喪，亦以久矣。』子路出，孔子曰：『又多乎哉！逾月則其善也。』

子路問於孔子曰：『傷哉貧也！生而無以供養，死則無以爲禮也。』孔子曰：『啜菽飲水，盡其歡心，斯謂之孝。斂手足形，旋葬而無槨，稱其財，斯謂之禮，貧何傷乎？』

吴延陵季子聘于上國，適齊。於其返也，其長子死於嬴、博之間。孔子聞之，曰：『延陵季子，吴之習於禮者也。』往而觀其葬焉。其斂以時服而已；其壙掩坎，深不至於泉；其葬無盟器之贈。既葬，其封廣輪揜坎，其高可肘隱也。既封，則季子乃左袒，右還其封，且號者三，曰：『骨肉歸于土，命也！若魂氣則無所不之，則無所不之！』而遂行。孔子曰：

『延陵季子之禮，其合矣。』

子游問喪之具。孔子曰：『稱家之有亡焉。』子游曰：『有亡惡於齊？』孔子曰：『有也，則無過禮。苟亡矣，則斂手足形，還葬，懸棺而封。人豈有非之者哉？故夫喪亡，與其哀不足而禮有餘，不若禮不足而哀有餘也；祭祀，與其敬不足而禮有餘，不若禮不足而敬有餘也。』

伯高死於衛，赴於孔子。子曰：『吾惡乎哭諸？兄弟，吾哭諸廟；父之友，吾哭諸廟門之外；師，吾哭之寢；朋友，吾哭之寢門之外；所知，吾哭之諸野。今於野則已疏，於寢則已重。夫由賜也而見我，吾哭於賜氏。』遂命子貢爲之主，曰：『爲爾哭也來者，汝拜之；知伯高而來者，汝勿拜。』既哭，使子張往弔焉。未至，冉求在衛，攝束帛、乘馬而以將之。孔子聞之，曰：『異哉！徒使我不成禮於伯高者，是冉求也。』

子路有姊之喪，可以除之矣，而弗除。孔子曰：『何不除也？』子路曰：『吾寡兄弟，而弗忍也。』孔子曰：『行道之人皆弗忍。先王制禮，過之者俯而就之，不至者企而及之。』子路聞之遂除之。

伯魚之喪母也，期而猶哭。夫子聞之曰：『誰也？』門人曰：『鯉也。』孔子曰：『嘻！其甚也，非禮也。』伯魚聞之，遂除之。

衛公使其大夫求婚於季氏，桓子問禮於孔子。子曰：『同姓爲宗，有合族之義，故繫之以姓而弗別，綴之以食而弗殊。雖百世，婚姻不得通，周道然也。』桓子曰：『魯、衛之先，雖寡兄弟，今已絕遠矣。可乎？』孔子曰：『固非禮也。夫上治祖禰，以尊尊之；下治子孫，以親親之；旁治昆弟，所以教睦也。此先王不易之教也。』

有若問於孔子曰：『國君之於百姓，如之何？』孔子曰：『皆有宗道焉。故雖國君之尊，猶百世不廢其親，所以崇愛也。雖以族人之親，而不敢戚君，所以謙也。』

曲禮子夏問第四十三

子夏問於孔子曰：『居父母之仇，如之何？』孔子曰：『寢苫枕干，不仕，弗與共天下也。遇於朝市，不返兵而鬭。』曰：『請問居昆弟之仇，如之何？』孔子曰：『仕，弗與同國，銜君命而使，雖遇之不鬭。』曰：『請問從昆弟之仇如之何？』曰：『不爲魁，主人能報之，則執兵而陪其後。』

子夏問：『三年之喪既卒哭，金革之事無避，禮與？初有司爲之乎？』孔子曰：『夏后氏之喪三年，既殯而致仕，殷人既葬而致事，周人既卒哭而致事。《記》曰：「君子不奪人之親，亦不奪故也。」』子夏曰：『金

『吾聞諸老聃曰：「魯公伯禽有爲爲之革之事無避，非與？」』孔子曰：『吾聞諸老聃曰：「魯公伯禽有爲爲之也。」今以三年之喪從利者，吾弗知也。』

子夏問於孔子曰：『《記》云：周公相成王，教之以世子之禮。有諸？』孔子曰：『昔者成王嗣立，幼，未能莅阼，周公攝政而治，抗世子之法於伯禽，欲王之知父子、君臣之道，所以善成王也。夫知爲人子者，然後可以爲人父；知爲人臣者，然後可以爲人君；知事人者，然後可以使人。是故抗世子法於伯禽，使成王知父子、君臣、長幼之義焉。凡君之於世子，親則父也，尊則君也，有父之親，有君之尊，然後兼天下而有之，不可不慎也。行一物而三善皆得，唯世子齒於學之謂也。世子齒於學，則國人觀之，曰：「此將君我，而與我齒讓，何也？」曰：「有父在，則禮然。」然而衆知父子之道矣。其二曰：「此將君我，而與我齒讓，何也？」曰：「有君在，則禮然。」然而衆知君臣之義矣。其三曰：「此將君我，而與我齒讓，何也？」曰：「長長也，則禮然。」然而衆知長幼之節矣。故父在斯爲子，君在斯爲臣，居子與臣之位，所以尊君而親親也。在學，學之爲父子焉，學之爲君臣焉，學之爲長幼焉。父子、君臣、長幼之道得，而後國治。語曰：「樂正司業，父師司成。一有元良，萬國以貞。」世子之謂。聞之曰：「爲人臣者，殺其身而有益於君則爲之。」況于其身以善其君乎？周公優爲也。』

子夏問於孔子曰：『居君之母與妻之喪，如之何？』孔子曰：『居處、言語、飲食衎爾。於喪所，則稱其服而已。』『敢問伯母之喪，如之何？』孔子曰：『伯母、叔母疏衰期，而踊不絕地。姑、姊、妹之大功，踊絕於地。若知此者，由文矣哉。』

子夏問於夫子曰：『凡喪小功已上，虞、祔、練、祥之祭皆沐浴？於三年之喪，子則盡其情矣？』孔子曰：『豈徒祭而已哉？三年之喪，身有瘍則浴，首有瘍則沐，病則飲酒食肉。毀瘠而病，君子不爲也。毀則死者，君子爲之無子，則祭之沐浴，爲齊潔也，非爲飾也。』

子夏問於孔子曰：『客至無所舍，而夫子曰：「生，於我乎館。」客死無所殯矣，夫子曰：「於我乎殯。」敢問禮與？仁者之心與？』孔子曰：『吾聞諸老聃曰：「館人，使若有之，惡有有之而不得殯乎？」夫仁者，制禮者也。故禮者不可不省也。禮不同不異，不豐不殺，稱其義以爲之宜。故曰「我戰則尅，祭則受福」，蓋得其道矣。』

孔子食於季氏，食祭，主人不辭。不食亦不飲而飡。子夏問曰：『禮也？』孔子曰：『非禮也，從主人也。吾食於少施氏而飽，少施氏食我以禮。吾食祭，作而辭曰：「疏食，不足祭也。」吾飡，而作辭曰：「疏食，不敢以傷吾子之性。」主人不以禮，客不敢盡禮；主人盡禮，則客不敢不盡禮也。』

子夏問曰：『官於大夫，既升於公，而反爲之服，禮與？』孔子曰：『管仲遇盜，取二人焉，上之爲公臣，曰：「所以遊，僻者，可人也。」公許。管仲卒，桓公使爲之服。官於大夫者爲之服，自管仲始也，有君命焉。』

子貢問居父母喪。孔子曰：『敬爲上，哀次之，瘠爲下，顏色稱情，戚容稱服。』曰：『請問居兄弟之喪。』孔子曰：『則存乎書筴也。』

子貢問於孔子曰：『殷人既窆而弔於壙，周人反哭而弔於家，如之何？』孔子曰：『反哭之弔也，喪之至也。反而亡矣，失之矣。於斯爲甚，故弔之。死，人卒事也。殷以慤，吾從周。殷人既練之明日而祔于祖，周人既卒哭之明日祔于祖。祔，祭神之始事也。周以戚，吾從殷。』

子貢問曰：『聞諸晏子，少連、大連善居喪，其有異稱乎？』孔子曰：『父母之喪，三日不怠，三月不解，期悲哀，三年憂。東夷之子，達於禮者也。』

子游問曰：『諸侯之世子，喪慈母如母，禮與？』孔子曰：『非禮也。古者男子外有傅父，内有慈母，君命所使教子者也。何服之有？昔魯孝公少喪其母，其慈母良。及其死也，公弗忍，欲喪之。有司曰：「禮，國君慈母無服，今也君爲之服，是逆古之禮，而亂國法也。若終行之，則有司將書之，以示後世，無乃不可乎？」公曰：「古者，天子喪慈母，練冠以燕居。」遂練以喪慈母。喪慈母如母，始則魯孝公之爲也。』

孔子適衛，遇舊館人之喪，入而哭之哀。出，使子貢脱驂以贈之。子貢曰：『於所識之喪，不能有所贈。贈於舊館，不已多乎？』孔子曰：『吾向入哭之，遇一哀而出涕。吾惡夫涕而無以將之。小子行焉。』

子路問於孔子曰：『魯大夫練而杖，禮也？』孔子曰：『吾不知也。』子路出，謂子貢曰：『吾以爲夫子無所不知，夫子亦徒有所不知也。』子貢曰：『子所問何哉？』子路曰：『由問：「魯大夫練而杖，禮與？」夫子曰：「吾不知也。」』子貢曰：『止，吾將爲子問之。』遂趨而進，曰：『練而杖，禮與？』孔子曰：『非禮也。』子貢出，謂子路曰：『子謂夫子而弗知之乎？夫子徒無所不知也。子問非也。禮，居是邦，則不非其大夫。』

叔孫武叔之母死，既小斂，舉尸者出户，武叔從之，出户，乃袒，投其冠而括髮。子路嘆之。孔子曰：『是禮也。』子路問曰：『將小斂則變服，今乃出户，而夫子以爲知禮。何也？』孔子曰：『由，汝問非也。君子不舉人以質士。』

齊晏桓子卒，平仲粗衰斬，苴絰、帶、杖，以菅屨，食粥，居傍廬，寢苫枕草。其老曰：『非大夫喪父之禮也。』晏子曰：『唯卿大夫。』曾子以問孔子。孔子曰：『晏平仲可謂能遠害矣。不以己之是駁人之非，遜辭以避咎，義也夫。』

季平子卒，將以君之璵璠斂，贈以珠玉。孔子初爲中都宰，聞之，歷級而救焉，曰：『送而以寶玉，是猶曝尸於中原也，其示民以奸利之端，而有害於死者，安用之？且孝子不順情以危親，忠臣不兆奸以陷君。』乃止。

孔子之弟子琴張，與宗魯友。衛齊豹見宗魯於公子孟縶，孟縶以爲參乘焉。及齊豹將殺孟縶，告宗魯，使行。宗魯曰：『吾由子而事之，今聞難而逃，是僭子也。子行事乎，吾將死以周事子，而歸死於公孟，可也。』齊氏用戈擊公孟，宗魯以背蔽之，斷肱，中公孟、宗魯，皆死。琴張聞宗魯死，將往弔之。孔子曰：『齊豹之盜，孟縶之賊也，汝何弔焉？君子不食奸，不受亂，不爲利病於回，不以回事人，不蓋非義，不犯非禮，汝何弔焉？』琴張乃止。

郕人子蒲卒，哭之，呼滅。子游曰：『若是哭也，其野哉！孔子惡野哭者。』哭者聞之，遂改之。

公父文伯卒，其妻妾皆行哭失聲。敬姜戒之曰：『吾聞好外者，士死之；好內者，女死之。今吾子早夭，吾惡其以好內聞也。二三婦人之欲供先祀者，請無瘠色，無揮涕，無拊膺，無哀容，無加服，有降服，從禮而靜，是昭吾子也。』孔子聞之，曰：『女智無若婦，男智莫若夫。公父氏之婦，智矣。剖情損禮，欲以明其子爲令德也。』

子路與子羔仕於衛，衛有蒯聵之難。孔子在魯，聞之，曰：『柴也其來，由也死矣。』既而衛使至，曰：『子路死焉。』夫子哭之於中庭。有人弔者，而夫子拜之。已哭，進使者而問故，使者曰：『醢之矣。』遂令左右皆覆醢，曰：『吾何忍食此！』

季桓子死，魯大夫朝服而弔。子游問於孔子曰：『禮乎？』夫子不答。他日，又問。夫子曰：『始死則矣，羔裘、玄冠者，易之而已，汝何疑焉？』

孔子有母之喪，既練，陽虎弔焉，私於孔子曰：『今季氏將大饗境内之士，子聞諸？』孔子答曰：『丘弗聞也。若聞之，雖在衰絰，亦欲與往。』陽虎曰：『子謂不然乎？季氏饗士，不及子也。』陽虎出，曾點問曰：『語之何謂也？』孔子曰：『己則衰服，猶應其言，示所以不非也。』

顏回死，魯定公弔焉，使人訪於孔子。孔子對曰：『凡在封内，皆臣子也。禮，君弔其臣，升自東階，向尸而哭，其恩賜之施，不有算也。』

原思言於曾子曰：『夏后氏之送葬也，用盟器，示民無知也；殷人用祭器，示民有知也；周人兼而用之，示民疑也。』曾子曰：『其不然矣，夫以盟器，鬼器也；祭器，人器也。古之人胡爲而死其親也？』子游問於孔子，曰：『之死而致死乎，不仁，不可爲也；之死而致生乎，不智，不可爲也。凡爲盟器者，知喪道也。有備物而不可用也。是故竹不成用，而瓦不成膝，琴瑟張而不平，笙竽備而不和，有鐘磬而無簨簴。其曰盟器，神明之也。哀哉！死者而用生者之器，不殆而用殉也。』

子罕問於孔子曰：『始死之設重也，何爲？』孔子曰：『重，主道也，殷主綴重焉，周人徹重焉。』『請問喪朝。』子曰：『喪之朝也，順死者之孝心，故至於祖考廟而後行。殷朝而後殯於祖，周朝而後遂葬。』

孔子之守狗死，謂子貢曰：『路馬死，則藏之以帷，狗則藏之以蓋。

汝往埋之。吾聞弊幃不棄，爲埋馬也；弊蓋不棄，爲埋狗也。今吾貧無蓋，於其封也，與之蓆，無使其首陷於土焉。』

曲禮公西赤問第四十四

公西赤問於孔子曰：『大夫以罪免，卒，其葬也，如之何？』孔子曰：『大夫廢其事，終身不仕，死則葬之以士禮。老而致仕者，死則從其列。』

公儀仲子嫡子死，而立其弟。檀弓問子服伯子曰：『何居？我未之前聞也。』子服伯子曰：『仲子亦猶行古人之道。昔者文王捨伯邑考而立武王，微子捨其孫腯，立其弟衍。』子游以問諸孔子，子曰：『否，周制立孫。』

孔子之母既喪，將合葬焉，曰：『古者不祔葬，爲不忍先死者之復見也。《詩》云：「死則同穴。」自周公已來，祔葬矣。故衛人之祔也，離之，有以間焉。魯人之祔也，合之，美夫！吾從魯。』遂合葬於防。曰：『吾聞之，古者墓而不墳。今丘也，東西南北之人，不可以弗識也。吾見封之若堂者矣，又見若坊者矣，又見覆夏屋者矣，又見若斧形者矣。吾從斧者焉。』於是封之，崇四尺。孔子先反虞，門人後，雨甚至，墓崩，修之而歸。孔子問焉，曰：『爾來何遲？』對曰：『防墓崩。』孔子不應，三云，孔子泫然而流涕，曰：『吾聞之，古不修墓。』及二十五月而大祥，五日而彈琴不成聲，十日過禫而成笙歌。

子游問於孔子曰：『葬者塗車芻靈，自古有之。然今人或有偶，是無益於喪。』孔子曰：『爲芻靈者善矣，爲偶者不仁，不殆於用人乎？』

顏淵之喪，既祥，顏路饋祥肉於孔子。孔子自出而受之，入，彈琴以

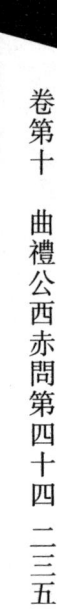

散情，而後乃食之。

孔子嘗，奉薦而進，其親也慤，其行也趨趨以數。已祭，子貢問曰：『夫子之言祭也，濟濟漆漆焉。今夫子之祭，無濟濟漆漆，何也？』孔子曰：『濟濟者，容也遠也；漆漆者，自反。容以遠，若容以自反，夫何神明之及交？必如此，則何濟濟漆漆之有？反饋樂成，進則燕俎，序其禮樂，備其百官，於是君子致其濟濟漆漆焉。夫言豈一端而已哉？亦各有所當也。』

子路爲季氏宰。季氏祭，逮昏而奠，終日不足，繼以燭。雖有强力之容，肅敬之心，皆倦怠矣。有司跛倚以臨事，其爲不敬也大矣。他日，子路與焉。室事交于户，堂事當于階。質明而始行事，晏朝而徹。孔子聞之，曰：『以此觀之，孰謂由也而不知禮？』